电 网 企 业 班 组 管 理 案

U0464446

聚焦
班组基础管理

JUJIAO BANZU JICHU GUANLI

张凡华◎主编

中国电力出版社
CHINA ELECTRIC POWER PRESS

内 容 提 要

本丛书通过鲜活且具有代表性的案例，对电网企业班组各类管理事项做了系统梳理和解析，分为《聚焦班组基础管理》《聚焦班组团队管理》《聚焦班组业务管理》三个分册。

本书为《聚焦班组基础管理》分册，内容包括职业素养、计划管理、高效沟通、有效激励、绩效管理、综合管理六部分。

书中所有案例均来自电网企业班组管理一线，具有强烈的感染力和影响力。本丛书是电网企业班组管理智慧的汇集，是电网企业班组管理实践的宝贵财富。

本书适合电力企业从事班组管理的各级管理人员及一线员工阅读，也可供其他行业班组管理人员参考使用。

图书在版编目（CIP）数据

聚焦班组基础管理 / 张凡华主编 . —北京：中国电力出版社，2019.8
（电网企业班组管理案例集萃）
ISBN 978-7-5198-3271-1

Ⅰ．①聚… Ⅱ．①张… Ⅲ．①电力工业—工业企业管理—班组管理—案例—中国 Ⅳ．① F426.61

中国版本图书馆 CIP 数据核字（2019）第 115592 号

电网企业班组管理案例集萃　聚焦班组基础管理

出版发行：中国电力出版社
地　　址：北京市东城区北京站西街 19 号（邮政编码 100005）
网　　址：http://www.cepp.sgcc.com.cn
责任编辑：杨　扬（010-63412524）
责任校对：黄　蓓　李　楠
装帧设计：北京宝蕾元科技发展有限责任公司
责任印制：杨晓东

印　　刷：三河市航远印刷有限公司
版　　次：2019 年 8 月第一版
印　　次：2019 年 8 月北京第一次印刷
开　　本：710 毫米 ×980 毫米　　16 开本
印　　张：14.5
字　　数：186 千字
印　　数：0001—4000 册
定　　价：69.00 元

版权专有　侵权必究

本书如有印装质量问题，我社营销中心负责退换

编委会

主　　编：张凡华

副 主 编：吴剑鸣

执行主编：孔令如　邹国强

编　　委：赵　明　胡　峰　李　晓　洪绍威　刘华兵　许正伟　汪为民

编写组

工会专业组：杜蓓蓓　白国峰

开发专业组：徐　鑫　刘颖瑜

人资专业组：周海兵　杨伟春

党建专业组：杜景波

编 写 人 员（按姓氏笔画排序）：

于　洋　王　安　王孝雄　卢丽鹏　宁　威　巩海波

吕根木　刘锡禹　孙瑞丽　杜　娜　杨成根　李得兵

李晶菁　李靖涛　陈　曦　赵明志　赵　凌　翁同洋

郭　庆　唐万军　陶星东　黄晶晶　崔椿洪　章　亮

潘文虎

序　言

　　班组作为最基层的生产经营活动组织，直接面对、服务广大人民群众，是公司各项业务的最前端，也是各项工作的落脚点。企业的发展战略、任务目标最终都要落实到每一个班组和每一个岗位。班组建设和管理水平，直接影响到企业的长远发展战略和改革发展成效，是推动公司和电网高质量发展的关键所在。

　　多年来，国网安徽省电力有限公司高度重视班组建设，通过班组管理"四个一""四加一"、精细化、标准化、再提升工程建设等一系列管理举措，班组管理水平明显提升。2018 年以来，公司各班组深入践行"敢为人先、实干在先、创新争先"工作理念，扎实开展基础、基层、基本功建设，打造卓越执行的"细胞群"，激发活力四射的班组"生命体"，为公司高质量发展奠定了坚实基础。

随着外部形势变化和内部改革深化，基于传统职能管控的班组管理模式，正逐步向具有"生命体"自驱动特征的班组加速转型。电网企业班组怎么管、管什么，成为新的重要课题。公司工会牵头，组织编写的《电网企业班组管理案例集萃》丛书，选取真实且具有代表性的案例，对电网企业班组各类管理事项做出系统梳理和解析，案例化繁为简，接地气、可操作，具有较强的实用性、针对性。各单位要学好、用好这本书，结合自身实际、借鉴典型经验、激发创新热情、启迪聪明才智。

企业创新在基层、活力在基层。希望各单位在学习借鉴先进班组管理理念与模式的同时，深刻认识新形势下加强班组建设的重要性，以提升班组管理水平和职工队伍素质为重点，切实减轻基层班组负担，充分调动班组职工干事创业、成长成才的热情，引导职工奋发有为，凝心聚力，为加快建设"三型两网"世界一流能源互联网企业和服务经济社会发展做出新的更大贡献。

2019 年 5 月

前　言

　　九层之台，始于垒土。

　　班组建设要取得更好的成效，必须夯实基础。做好班组基础管理工作，提高班组管理水平，最大限度地调动班组员工积极性，为企业持续发展奠定基础。

　　本书作为"电网企业班组管理案例集萃"的分册之一《聚焦班组基础管理》，涉及班组长职业素养、计划管理、高效沟通、有效激励、绩效管理、综合管理六部分内容。每个案例通过情景聚焦、问题解析、要点点睛、知识链接四个部分，分别阐述案例过程、分析案例精髓、指出难点要点、扩展管理视野。本书适合电力企业从事班组管理的各级管理人员及一线员工阅读，也可供其他行业班组管理人员参考使用。

　　在此，谨向为本书的编写与出版提供帮助的各位领导、专家、同事及相关单位致以最诚挚的感谢，感谢你们的指导与付出。

　　由于编写时间仓促，加之编写人员经验、水平有限，本书难免存在疏漏、不足之处，恳请各位专家、读者批评指正！

编　者

目　录

第一章
班组长职业素养

班长小王成长记
——班组长职业素养提升引发的思考

 摘　要

"职场新手"王小军"技而优则仕"，三年迅速成长为检验检测班班长。本案例通过王小军在班组长岗位上历经成长、不断提升经历的介绍，分析了班组长成长过程中的角色转变、授权分工、制度建立、激励考核等关键点，并提出班组长应具备的"七种能力"，为班组长的职业素养提升与工作开展提供了借鉴。

 关键词

职业素养　角色转变　制度考核

🕐 情景聚焦

王小军是一名工作刚满三年的"职场新手"。人新技不俗，王小军在进入工作岗位的三年时间里，对工作兢兢业业、潜心钻研，迅速掌握了班组业务和工作技巧，是所在班组数一数二的业务精英。机会总是青睐有准备的人，由于王小军所在班组检验检测一班的班长竞聘至其他部门，各方面都表现优异的王小军便被工区领导提任至班长岗位。就这样，王小军从一名业务精湛的技术骨干走向了班组长管理岗位，实现了个人职场的第一次"晋升"。

初任班长，一团乱麻

从一般班组成员"晋升"为班长，虽然职位发生了"晋升"，但王小军的工作方式却还没有"晋升"到位。王小军深知自己当上了班长，就一定要对整个班组负责。因此，他也是铆足了劲头，更加积极主动地完成班组技术含量最高、难度最大的工作，挑起所在班组的"半边天"，每天早出晚归。同时，王小军也成了所在班组的"飞虎队员"，一旦班组有临时工作或者突发性工作，王小军都自己一人承担了下来，加班加点来保证工作任务的完成。一开始，班组工作尚能按时完成，班组也能正常运转。可是时间一长，问题就慢慢暴露出来了。王小军几乎每天的精力都全部花在具体的班组工作中，完全无暇顾及班组管理，更没有时间和精力合理的进行工作调配。

王小军近乎"玩命"的为班组付出，班组成员似乎也并不领情。虽然个人工作量并没有增多，但每个人似乎都觉得自己的工作量比其他人更多，即便王小军承担了多数的复杂任务，但其他少数承担复杂班组任务的班员认为应该让更多班员一起承担。班组员工对王小军的任务分派模式颇有微词，班员工作分派存在的不合理性开始影响班组的氛围。与此同时，王小军发现，在他的这种工作模式下，班组业务一旦涉及稍微复杂点的工作或者新的工作，都需要他完成，班组成员只能完成常态简单的工作。

这样一段时间下来，王小军觉得身心俱疲、难以招架的同时，也没法得到班组成员的认可和理解，班组工作开始陷

思考 1 如何认识班组长在企业中的定位和角色转变？

入较为杂乱的模式，业务工作完成中也开始出现质量问题。面对班组出现的这些困境，王小军一筹莫展。

转变角色，初显成效

面对班组工作中出现的问题，王小军经过思考，决定重新审视自己的管理模式和工作方式，对班组工作进行重新安排。于是，王小军开始向多位经验丰富的优秀班组长学习取经，同时也开始利用休息时间学习班组长管理方法与管理技巧。通过多方取经和自我学习，王小军意识到之前工作陷入一团乱麻，是自己的"劲"没使对地方，依然还在用一个业务精英的思考方式指导班组工作。于是，他开始转变角色，跳出之前技术骨干的工作惯性，开始将手上的业务性工作分派给合适的班员，让班员一起参与难度系数大的业务工作，并充分进行授权，而他则进行技术指导、进度跟进、监督检查。

进行了上述调整后，王小军开始有更多的时间精力进行班组管理，为了解决班组分工上的问题，他开始对班组的全部工作进行梳理，并进行模块化管理，将班组工作分为电能表检定、互感器检定、申校检定、95598服务工单处理、现场表计故障处理、标准装置文件集管理、临时工作等七个模块，在班组成员间进行合理的安排分工，每周对班员负责的模块工作进行调整，一方面消除班员之间的工作矛盾，另一方面提升班员在各项工作中的业务能力。王小军经过对班组业务的上述调整，班组业务工作得以有效开展。

但是在班组工作中仍然存在问题，班组业务质量较难得到有效管控，人员的工作积极性也一般。部分班组人员时常发生迟到早退现象，每次王小军和工作出错、迟到早退的班员进行谈心谈话提醒时，

> **思考2** 王小军转变角色后在工作中有哪些亮点和不足？

班员都表示不会再犯，可是后面依然会故态复萌，问题难以得到解决。

制度考核，管理提升

见此状况，王小军再度陷入了迷茫。经过一段时间的苦思冥想，王小军决定通过规章制度的建立执行和激励考核的应用来解决这个问题。针对班组的业务工作和人员劳动纪律等方面，王小军建立了全面的规章制度，明确规定了各项业务工作开展的质量及时限要求、人员劳动纪律要求，并将其量化后和绩效考核挂钩，对未按规章制度执行、工作出错、迟到早退等情况分别在绩效考核中进行扣分处理。与此同时，王小军建立了新的绩效考核机制，每月按每位员工工作完成数量、完成质量进行绩效考核，杜绝"大锅饭"和"平均主义"，做到"多劳多得""质优者多得"，拉开工作完成数量多、质量优的员工和工作完成数量少、质量差的员工之间的绩效薪金差距。

工作和绩效考核制度建立后，王小军召集全部班员开会，对制度进行意见征集，对不够合理的地方进行修订完善，最终经过全体班员投票通过。趁热打铁，王小军将制度方案上报至部门领导处审批，领导同意了王小军的制度方案，在报请人资部门同意后，开始正式实施。首月实施后，班员之间的绩效薪金出现了较大差距，工作质量及劳动纪律表现好的技术骨干薪金得到了较大提高，工作质量差、劳动纪律松散的班员绩效薪金降幅明显，因此，出现部分员工高兴满意、部分员工抱怨不满的情况。王小军对每个班员的绩效考核加减分及对应的考核依据进行了公示，让每名员工明白考核结果是公平、公正、公开的。此外，王小军在公示绩效考核结果之后，及时开展了绩效沟通面谈，对绩效考核优良的员工给予鼓励，并嘱咐他们继续努力；对考核靠后的班员给予激励，明确下一步重点改进方向。同时将沟通内容及时记录在绩效管理档案中，

思考3 规章制度和激励考核在班组管理中发挥了什么作用？

员工根据反馈意见，制定下一步的工作提升计划。通过绩效面谈沟通的方式，员工了解了下一步工作方向与改进点，工作热情更加高涨。新的规章制度和考核机制建立执行后，班组的工作质量和劳动纪律得到了很大改善，人员的工作积极性也得到了充分的调动。

多重成长，建设班组品牌

在担任班组长一段时间后，王小军认识到了班组长岗位的重要性和对班组长自身职业素养的高要求。他积极转变心态并快速调整角色定位，通过网络大学、班组长培训、班组管理经验交流学习等方式，开展多方面的素质提升学习，在业务技能、沟通管理、绩效激励、基础建设、文化建设、团队建设、人才建设、创新建设等多方面不断拓宽自身所需的管理知识和业务知识，并将其应用到班组管理中。这些知识在班组建设管理中的应用起到了很好的效果。同时，王小军向班组成员分享学习成果，促使大家共同进步。经过几年班组长岗位的成长锻炼，如今，王小军已成长为一名优秀的班组长，带领的班组先后获"市五一巾帼标兵岗""省工人先锋号"，2017 年被评选为"全国五一巾帼标兵岗"，班员多次在公司技能竞赛中获奖，多项创新成果获公司表彰。

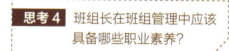

思考 4　班组长在班组管理中应该具备哪些职业素养？

问题解析

思考 1　如何认识班组长在企业中的定位和角色转变？

解　析　班组长是团队的管理者，不能仅做业务的执行者。

现在很多基层班组长都是从业务骨干提任到班组长岗位，此类班组长容易陷入"唯业务"的误区，把业务水平和管理水平混同起来，注重业务水平的提升，忽视了班组管理水平的提高，因此也忽视了班组的日常管理工作，无法提高班组的整体效益。但班组长作为兵头将尾，是班组的管理要员，要及时转变角色，认清自己在企业中的定位和在班组中的作用，班组长是团队的管理者，不仅要管好班组的业务工作，还要抓好班组建设和员工思想工作，调动大家的工作热情，营造高效和谐的团队氛围。

思考 2 王小军转变角色后，在工作中有哪些亮点和不足？

解 析 工作合理分配和授权，但缺乏后续管控手段。

一方面，王小军认识到角色定位的错误后，对工作进行了重新调整与分工，从繁杂的日常事务中解放了出来，并进行授权与激励，对班组业务的开展有促进作用。另一方面，在工作质量及人员管理等方面，王小军缺乏有效的后续管控手段，导致班组业务工作及人员工作积极性等方面出现了问题。具体如下：

1. 调整转变角色定位，工作开展更高效

王小军在之前凡事事必躬亲的工作方式上，对自己重新进行了角色定位，将自己由一名业务骨干调整为班组团队的管理者，重新对自己的职责与工作内容进行梳理和分配，将部分常态性工作移交至班员处理，腾出时间精力对班组进行管理，使得工作开展与班组管理取得了更好的成效。

2. 开展工作分配和授权，提升班组执行力

王小军根据班组工作任务进行模块化管理，发挥全体人员的能力，让班组成员也参与到临时性、复杂性的工作中来，使班组运作达到了 $1+1 \geq 2$ 的效果，不仅给了班组成员成长与锻炼的机会，而且发挥了全体班员的能力，提升了整个班组的执行力与工作效率。

3. 后续管控手段缺乏，业务质量难以保障

王小军虽然对工作进行了合理的分配和授权，但是由于缺乏相应的后续管控手段，缺乏制度及规定作为管控的依托，导致业务质量、人员劳动纪律等问题反复出现。虽然他通过谈心谈话提醒等方式对班员进行管理，

但是由于没有相应的奖惩及规定，导致管理效果不好。

思考3 规章制度和激励考核在班组管理中发挥了什么作用？

解 析 规章制度的建立和激励考核的应用，是班组管理的重要手段。

如果把岗位责任比作计算机的硬件，那么规章制度就是计算机的软件。班组长是生产的直接组织者，也是各项规章制度的执行者，只有依托于规章制度，才能确保班组管理质量。激励考核是提升员工积极性与工作潜能的重要方法和手段，合理地应用激励考核，才能不断提升员工的职业能力和工作业绩。

1. 规章制度执行有效开展，关联考核

王小军根据班组业务工作制定修订相关制度后，及时进行了落地执行，并将其与绩效考核相关联，确保规章制度的执行与权威性。对符合规章制度的人和行为给予肯定和奖励，对违反规章制度的人和行为给予考核和惩罚，经过"循环往复"的执行，使大家养成遵守规章制度的好习惯。

2. 充分利用激励考核，调动人员积极性

针对班组业务及工作开展，王小军制定了绩效考核方案，并经过了全体班员的讨论通过。在绩效考核中，王小军以杜绝"大锅饭"和"平均主义"，做到"多劳多得""质优者多得"为考核目的，引导积极正向的工作氛围。

3. 公开透明，严格考核程序

王小军在考核完成后对每位班员的考核明细及依据进行公示，做到了绩效考核的公正公开与奖惩兑现，对员工的工作积极性与主动性有了很好的提升作用。王小军通过建立合理的制度激励，对员工价值不断开发确认，不断提升员工的职业能力和改进工作绩效，提高员工的主动性和积极性。

思考4 作为班组长，应该具备哪些职业素养？

解 析 掌握七种能力，加强班组建设。

班组长是直接带领员工奋战在生产或服务一线的基层管理人员，对企业有着至关重要的作用，一名优秀的班组长，不仅能带领团队出色地完成各项业务工作，而且能营造一个和谐高效、积极上进的班组团队。一名优秀的班组长需要具备以下七种能力：

1. 专业技术能力

班组长是在前线领兵打仗的一线指挥官，必须"十八般武艺样样精通"。具体地说，要有较丰富的生产和安全技术实践经验，熟练掌握与业务工作开展要求相适应的劳动技能，在班组中起到技术示范作用，关键时刻能解决技术问题，能够指导下属并向上级提供建议，帮助解决判断。

2. 目标管理能力

班组长应具备设定先进可行的"主题、时限、数量"目标以及完成任务的能力。将上级下达的指标和任务分解成组员的任务和目标，提高员工的参与意识，并不断进行改进提升。

3. 解决问题与创新的能力

班组长必须善于发现问题，敢于直面问题，勇于解决问题。面对工作中存在的问题与不合理的地方积极解放思想，创新创效，在解决问题与化解矛盾中实现新的突破。要鼓励带领员工积极开展创新活动，在班组营造创新光荣的良好氛围。

4. 组织授权的能力

能利用每个人的特点进行任务分配，发挥全体人员的能力，同心协力，使班组运作达到1+1≥2的效果。知人善任、用人所长，善于调动和发挥班组成员的积极性、主动性。不能事必躬亲，授权是给下属一个锻炼、成长和表现自己的机会，是给他们一个晋级和立功的机会。

5. 人才建设的能力

班组长要具备对班员开展业务指导的能力，传授必要的知识方法，并根据每名班员的特点，设计规划好每一名班员的职业发展，调动员工的学习热情。在班组人才建设中，把员工的职业生涯设计和学习型班组的创建活动有机地结合起来。

6. 激励考核的能力

班组长要善用激励考核，通过激励考核更高效地安排工作，使班员服从班组管理，变"要我做"为"我要做"。优秀的班组长不仅要善于激励员工，还要善于自我激励，把压力转化为动力，增强工作成功的信心。通过激励考核的应用，不断提升员工的职业能力和工作绩效，充分调动员工的积极性。

7. 沟通协调的能力

良好的沟通协调能减少摩擦、融洽气氛、提高士气，有助于构筑良好的信赖关系。班组长要提高沟通协调能力，这样才能保证信息、意见的及时传递与畅通，提高班组管理效率，建立更加和谐的班组氛围。

要点点睛

（1）新上任的班组长，要及时调整自己在班组中的角色，从一名优秀的业务骨干转变为全面组织协调班组工作的管理人员。

（2）将班组工作进行合理的分工授权，并使用有效的后续管控手段，可以提升工作效率与执行力。

（3）规章制度的建立执行和考核激励的有效应用，对提升班组人员业务能力与调动人员积极性有很大作用，班组长须掌握应用。

（4）班组长在班组管理中，掌握"七种能力"，将进一步提升班组长职业素质，促进班组管理。

📖 知识链接

高效能人士的七个习惯

"全面成功"的七大准则，而其中的本质就是人类"从依赖到独立，又从独立到互赖"的心灵成长历程。诸如：亟须重新探索自我，培养从依赖、独立到互赖的人际关系。

"高效能人士的七个习惯"是指：主动积极、以终为始、要事第一、双赢思维、知己知彼、统合综效、不断更新。成为一个高效能的成功人士是一个循序渐进的过程，必须对自身进行全方位的重塑。只有养成职业上的七个习惯，才能实现本质的改变。

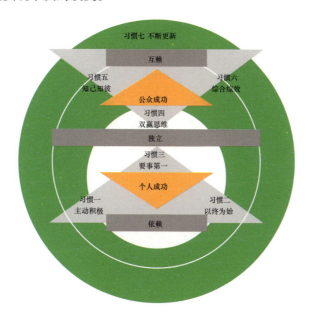

高效能人士的七个习惯

"三把火"烧出的灿烂天空
——班组长职业素养修炼

 摘　要　新任班组长遇上新建班组，两"新"相遇，班组管理难上加难。本案例讲述了新任班组长孔明如何管理一个新成立的班组的事例。孔明在管理过程中通过片区经理制、"一常三点"工作积分法、"三员"角色管理这"三把火"，逐渐将班组打造成一个富有战斗力的标杆班组，也为班组长的职业素养提升提供了借鉴。

 关键词　片区经理制　"三员"角色　职业素养

🕐 情景聚焦

　　2015 年 8 月，国网 A 市供电公司市场室因业务变化对班组进行了调整，成立了新班组——高压电检三班，主要负责区域内专用变压器客户的业扩报装、日常管理、故障处理和保供电工作。班组共有人员 6 人，均是有丰富经验的老电检人员。

孔明同志临危受命，成为该班组班长。作为一名新上任的班组长，初次挑起基层班组长的重担，还不满 26 周岁的孔明同志有点彷徨和迷茫。第一，觉得自己资历尚浅，虽然从事电检工作三年已久，但在业务技能上还有很大的提升空间；第二，新成立的电检三班成员都是经验丰富的老电检人员，还有干了几十年班长刚退下来的老师傅。对孔明来讲，提升为新任班长，管理好整个班组工作是巨大的挑战。

初出茅庐，当头一棒

俗话说：怕什么来什么。果然，在班组的第一次班会上，气氛就不那么愉快了，有的师傅就放话了："说到绩效考核我就有气！上个月我在一班拿了 C，新班组刚成立，第一个 C 又轮到我，我说班长，凭什么这样搞。"其他人也纷纷跟着表示赞同。原来，以前班组所谓的绩效考核就是平均主义，大家轮流拿 A、B、C 档，干多干少、干好干坏都一样。孔明心里明白，对于一个平均年龄接近 50 岁的基层班组，跟师傅们讲奉献、讲前途不太现实。常言道：不患寡而患不均。师傅们最关注的还是公平，我比别人做得多、做得好，我拿的钱就应该比别人多，这样心里才平衡，做事才有劲。

孔明开始思考，当前国网公司的管理越来越严格规范，指标也越来越多。以前自己是一个业务尖兵，完成班长分配给自己的任务就行了，但是现在自己管理一个班组，仅靠自己一个人的力量，再能干也不可能完成所有任务。绩效考核如果还是按照以前的班组平均主义，自己很难调动班组成员的工作积极性，很容易让大家形成"打酱油"的心态，能不做的尽量不做，从而使班组成为一盘散沙。所以，绩效管理制度的建立将是自己管理本班组的第一步也是最重要的一步。孔明向同类型兄弟班组高压电检一班和电检二班请教，收集了一些他们的

思考 1 新任班长优先建立绩效考核办法的原因是什么？

做法。在一周后的班会上，孔明让师傅们对班组绩效管理问题畅所欲言，分析了为什么要制定班组绩效考核管理办法，师傅们也都表示认可。

"第一把火"——组织授权，实行片区经理制

多次班会讨论后，孔明对高压电检三班服务的区域进行网格化划分，将班组分成三个责任区，两人一组，实行片区经理制，该责任区内作业组长为主要负责人，负责开展以下工作：①组织开展责任区内用电检查、业扩中间检查、竣工验收、启动送电、合同新签及变更工作任务；②接抢修工单，组织开展责任区内专用变压器故障抢修工作任务；③协助班长完成责任区内图纸审核工作任务；④负责完成责任区内停电信息告知工作；⑤对责任区内用户业务系统流程、用户档案资料建立有督导完成的责任；⑥按班长安排，组织完成责任区内其他临时工作任务。

孔明将班组所有的业务罗列出来后，照着每一项的难度系数相应地进行赋分，归纳为"一常三点"积分体系，即日常工作、重点工作、难点工作和亮点工作四个部分。日常工作定额80分，只有减分项，事情没干完、没干好，比如说引起投诉、流程超期之类的或者其他原因被上级考核的，扣分。重点工作就是公司或者部门一段时间内推行的重点工作，这一块有一个20分的标准分，可加可减。加分有上限，减分直至0为止。难点工作就是根据班组实际确定的一些大家都不太愿意干的事情，比如说夜间或周末抢修以及保电等。做好一次加分一次，无上限。亮点工作是鼓励类的，比如说为班组争取了荣誉的，便给予加分。

又遇拦路虎

在实行片区经理制后，班组的日常工作得以正常开展，孔明终于松了口气，但又出现了以下问题：第一，班上师傅年纪都比较偏大，不怎么会用电脑，且营销系统流程变化较大，熟悉流程的只有一个师傅，无

法满足每个片区都分配一个,造成有些流程无法及时走掉甚至超期;第二,班组的档案资料应该由专人统一编码,统一装订,统一上柜,方便以后的查阅管理;第三,在考核方案的执行上,由于孔明仅"光杆"司令一人,故也存在一些问题,比如孔明出差了或者工作太忙了没能及时对考核工作进行公布,导致考核工作时断时续;第四,将班组工作分成片区打包给工作组长,对工作组长进行考核,而没有对工作组长赋予考核工作班成员的权限,有些工作班成员工作不配合,寻找各种理由,比如说自己家孩子小不该被安排晚上抢修等抗拒工作的理由,而导致片区工作无法正常开展。

"第二把火"——授权加分权限,设置"三员"角色

遇到上述问题以后,孔明又组织班组成员开了一次班会,对前面的考核管理进行了修订和补充,经过讨论,确认对安排工作的人给予一定的加分权限,比如说班长、作业组长每月都有不同的加分权限,可以对参与自己片区工作的人进行加分。作业组长每月加分权限不超过3分,班长每月不超过7分。月底将打分表统一交至绩效管理员,进行加减分统计。如有班组成员对加分项有异议的,加分人有必要做出解释说明。

接下来,对关键角色定额加分。孔明分析班组关键防范风险有资料管理、流程管控和绩效管理三个方面,那么就设置资料管理员、流程管控员和绩效管理员三个角色。资料管理员负责新建、完善、管理专用变压器客户档案,保存现场作业指导卡等;流程管控员负责每日查看班组未走流程,告知各作业组长及班长,在规定期限内负责完成流程;绩效管理员负责记录各人加分项、减分项并告知当事人,做好考核信息收集并做好发布工作。三个角色每月可获得定额加分

> 思考2 班组长如何开展高效的班会?

2分，只要按照职责完成了相应的工作，就可以得到不超过定额分的加分。

"第三把火"——建立有效沟通机制，塑造良好班组氛围

自绩效考核办法制定以来，孔明的高压电检三班每个月末都会召开班组绩效考核会议，对加减分项予以确认通过，形成最终的月度绩效考核得分并予以公示，公开透明。孔明每月固定开展一对一绩效面谈工作，和师傅们谈谈心，沟通感情，做好绩效沟通记录，帮助师傅们分析原因，寻找工作中的不足；提出下一步的工作要求，同时给师傅们打气，鼓励师傅们迎头赶上。

通过"一对一"的座谈，孔明逐渐认识到有效沟通在班组管理中的作用。通过与班组成员的沟通，他充分了解了组成员的专长、特点、每个家庭的自然情况，对每一个员工所处的工作岗位了如指掌、心中有数。有效沟通能够营造良好工作氛围，为班组建设奠定基础，能有效保证员工的思想稳定，提高员工的工作热情，更加有利于班组凝聚力、战斗力的生成。接下来孔明需要在班组内建立起良性的沟通机制，孔明决定从两方面入手，第一种就是通过正式的沟通渠道，如常态化的开展班组月度绩效分析会、安全周例会、绩效"一对一"谈心等，凡是班内建设、涉及员工切身利益的问题，都会在班会上进行民主讨论形成结果；第二种就是通过非正式的沟通渠道，如微信、周末旅游、小型聚会等，孔明每月都会至少组织一次班组的聚会，开展附近郊游、农庄垂钓、采摘瓜果等活动，这样的集体活动往往容易让师傅们打开心扉，和孔明畅谈人生理想，孔明遇到工作上的困惑，也积极地向师傅们请教，亦师亦友，这种形式收到了很好的效果，营造了良好的班级氛围。三年来，孔明一直在努力提高自身的基本素质，有意识的锻炼自己的组织协调能力、表达和沟通能力、激励和培养员工的能力、开拓创新能力、目标管理能力等，逐渐成长为了

思考 3 如何做一名优秀的班组长？

一名优秀的班组长，孔明的高压电检三班也获得市公司模范班组、市公司安全标杆班组、省公司安全班组等荣誉称号。

 **问题解析**

思考 1 **新任班长优先建立绩效考核办法的原因是什么？**

解 析 **班组绩效考核是一种约束，也是一种激励。**

俗话说"无规矩，不成方圆"，作为一个新成立的班组，班组管理制度尚未建立起来，新任班长孔明谈不上约束班员，更无法激励班员。顺利推行班组管理的重点是优先建立一套科学合理、具有可操作性的绩效考核办法。

1. 绩效考核，大势所趋

当前，国网公司积极推行企业绩效管理，自上而下逐步建立公司、工区（中心）、班组三级绩效管理体系，新的绩效管理办法，要求打破以前绩效的平均主义，真正将做得多与做得少、做得好的与做得不好的区分开。制定绩效考核办法，顺应国网公司绩效管理的要求。

2. 现实需要，有据可依

作为一个新成立的班组，尚未形成大家认可的绩效考核办法，或者说基本的班组管理制度都没有。对班长孔明来讲，万事开头难，如果一开始就没能让班员有一种约束感，一旦形成散漫的班风，后面的班组管理将举步维艰。一个以老师傅居多的班组不缺技能，要的是干劲，如何调动大家的工作积极性？需要一个行之有效的绩效考核管理办法。

3. 未雨绸缪，优化改进

班组的绩效管理是一项长期的工作，不可能一蹴而就，任何考核办法都得在实践中经受考验，不断进行修改和补充。孔明一开始就进行绩效考核办法的制定，实施过程中不断进行优化和调整，最终形成适合班组实际的绩效考核管理办法。

思考2 班组长如何开展高效的班会？

解析 班会是班组实现民主管理的重要环节。

班会是基层班组成员表达自己内心想法最直接、最有用的平台，应定期召开，加强沟通的必要性，集思广益，发挥群众的力量。高效地开展班会工作应做好以下几点：

1. 高度认识班会在班组管理中的地位和作用

班会是班组长与班组成员沟通的桥梁，凡是班内建设、技术改造或涉及员工切身利益的问题，班长孔明都会提前向每个班员征求意见，并组织班会，通过班员讨论形成一致的意见，才能开始实行，班组长不能独断专行，要认识班会是班组民主建设的重要部分。

2. 班会必须注重实效，不能流于形式

班会切记讲道理时，避免讲空话、套话、大话。不能胡子眉毛一把抓，讲话无重点，开完会后班员不知道自己要干什么。每次的班会要选好主题，讲具体的人，讲具体的事。总结班组管理中成功的经验和做法，找出存在的问题和不足，对工作中的不足要敢于提出来，进行严肃客观的批评，要充分发扬民主，集思广益，集中每个人的智慧，开展批评与自我批评，提高班会实效。

3. 形成一套有效的沟通机制

班组管理是一项长期性的工作，不可能一蹴而就，班组长在班会适当时候对工作进行总结，表扬先进，鼓励后进，一套有效的沟通机制，如同班组工作的黏合剂、润滑剂，能激发全体班员做好本职工作的积极性。

4. 对班会内容的执行情况进行闭环管理

班会不能只要求不落实，要做到闭环管理。绩效考核员及时地对班会内容的执行情况进行督促和检查，并反映到当月绩效上。班组长、作业组长对班会内容认真执行的组员要给予肯定，对不执行者要批评、指正。

思考3 如何做一名优秀的班组长？

解析 **班组长在注重专业能力提高的同时，要努力提高自身基本素质。**

班组长是企业组织中的基本细胞，号称"兵头将尾"，既是班组各项工作的组织者、领导者、执行者，又是传达上级精神指示的中间环节，是连接企业中层管理和基层员工的桥梁，做一名优秀的班组长，应具备以下专业能力和基本素质。

1. 业务技能要服众

作为生产一线的班组长，没有过硬的技术，没有一定的文化素质，是很难服众的。要提高自身素质，做个"知识型"的班组长，做业务上的权威，做技术上的标杆。在工作中不断地苦练内功，接收新知识、新技术，给自己补充能量；同时不断地思考和总结，寻找差距，完善自我；并对班组的各种常规操作技术，做到熟练自如；对关键、复杂的技术问题也要了解和掌握，为职工树立标杆。

2. 工作思路要清晰

思路是班组开展工作的前提，没有清晰的工作思路，班组就处于混乱状态。班组长首先要认清当前企业形势，明确企业生产的方针政策和班组管理的内容和任务，再传达给班组的每位组员，使他们都全身心地投入到工作中。其次，班组长要查找存在问题，找出本班组同先进单位的差距，找到了差距、不足后，形成"比学赶帮超"氛围，提高班组的管理水平。最后班组长要有明确工作计划，制定合理的工作目标和切实有效可行的措施来完成全年的工作任务。

3. 思想工作要用心

在班组思想工作中，班组长要做到以心换心，多考虑别人，少考虑自己，维护班组成员利益。首先要做到一个"公"字，在任何工作中要做到公平、公正、公开，不能有损公利私的念想；其次做到一个"暖"字，要尊重人、关心人、理解人，要积极与员工交流、沟通，尽量多地掌握员工在工作、生活等方面遇到的困难，并尽量给予他们帮助。

4. 考核奖励要到位

考核奖罚举措是激励和约束班组成员的有效机制，要充分体现多劳多得，奖勤罚懒的分配原则，增强班组工资奖金分配的透明度，利用合理的分配去最大限度地调动班员积极性、主动性。要让工资表、考勤表、奖金表公开与透明，让每个班员互相监督，自我管理，使分配更具有客观性，公正性。

要点点睛

（1）班组管理的基础要有一套适合班组实际情况的绩效考核办法，做到有法可依，有据可查，做到公平、公正、透明。

（2）现实生活中很多企业将绩效考核的焦点搞错，为了考核而考核，为了约束员工的行为而考核，为了扣罚员工的工资而考核。绩效考核不应该是约束，更应该是激励，考核是为了更公平有效的激励。

（3）班组民主管理很重要，有效的班会能避免很多矛盾，班会的质量能够体现一个班组长的领导能力。

 知识链接

酒与污水定律

如果把一匙酒倒进一桶污水中，你得到的是一桶污水；如果把一匙污水倒进一桶酒中，你得到的还是一桶污水。

几乎在任何组织里，都存在几个难弄的人物，他们存在的目的似乎就是为了把事情搞糟。他们到处搬弄是非，传播流言、破坏组织内部的和谐。最

糟糕的是，他们像果箱里的烂苹果，如果你不及时处理，它会迅速传染，把果箱里其他苹果也弄烂。"烂苹果"的可怕之处在于它那惊人的破坏力。一个正直能干的人进入一个混乱的部门可能会被吞没，一个无德无才的人能很快将一个高效的部门变成一盘散沙。组织系统往往是脆弱的，是建立在相互理解、妥协和容忍的基础上的，它很容易被侵害、被毒化。而且，破坏总比建设容易。一个能工巧匠花费时日精心制作的陶瓷器，一头驴子一秒钟就能毁坏掉。

在企业中，总难免会有"污水"，而"污水"又总会给企业带来各种各样的矛盾和冲突,这就要求企业管理者要掌握酒与污水的冲突与协调的技巧，对团队中的人才加以指引和筛选，剔除具有破坏力"污水"，使每个人都能发挥最大效能，以保持团队的整体步调一致，动作协调。

表率的力量
——躬身笃行带领班组不断成长

 摘 要

以身作则，躬身践行。本案例描述了班长白亮面对不同类型客户时，耐心细致、服务高效，在工作中，以身作则、勇挑重担，在班组管理方面，集思广益，采用民主化、人性化、亲情化的管理模式，带领班组人员共同提高、共同进步，营造了良好的工作氛围，打造了一支高素质的团队。

 关键词

服务　创新　高素质团队

 情景聚焦

国网 B 县供电公司计量班共 8 人，主要负责公司测量管理体系的持续有效运行、诚信计量单位认证、法定计量检定机构授权工作，负责所属地区装表接电、用电信息采集工作、变电站计量设备定期巡视、电能计量装置首检、周检及现场检验、用户电能表申校、计量资产全寿命管理等工作。

人员少、任务重是班组面临的主要问题，只有打造一支高效率、高素质的团队，才能顺利完成班组各项任务指标，这也是班长白亮经常思考的一个问题。

耐心细致，真诚服务

"都是一样用电，我们家的电费为什么总比邻居家的多？" 2018 年 9 月 11 日上午 11 点多，一位五十多岁的张阿姨带着两岁多的小孙女来校表。这时，班长白亮刚开完会从外面进来，连忙赶上前来：

"阿姨您好，您先坐下，我给您倒杯水，您带着宝宝是坐公交来的吧？"

张女士："是的。"

白班长："您是刚交的电费吗？"

张女士："这不，刚交的电费，一下交了八百多块。"说着把催费单拿出来给他看。

白班长接过单子看了一下："阿姨，您家里有空调吧？"

张女士："有。"

白班长："是的，天气炎热，特别带着小宝宝，更是离不开空调，您家里用电热水器吗？"

张女士："有。"

白班长："好的，家里还有什么电器？"

张女士："有一个冰箱，电饭锅，电水壶……"

白班长："张阿姨，我给您解释一下，您刚交的电费是 7、8 两个月的电费，这两个月正是炎热高温天气，空调耗电量较大，正是用电高峰；另外，电热水器功率也比较大，建议白天不用时关掉电源，晚上需要洗澡时再提前打开；还有，您家里用电量已经达到三档了，有八十多块是三档递增的电费，并且我看您家里也没有办理分时用电申请，如果晚上用电量相对较多，建议您回去以后尽快办理分时用电申请，这样的话，白天 8 点到晚上 10 点电价上浮 3 分钱，晚上 10 点到第二天早上 8 点的每度电便宜两毛五，还是比较划算的。"

张女士："哦，你这样解释我就明白了，回去以后我就去申请分时用电。"语气明显缓和了不少。

白班长："电表马上就校好了，您稍微等一下。"这时已经中午 12 点多了。

过了一会白班长在食堂买了一份饭端过来了："张阿姨，表也校好了，是合格的，现在也到吃饭时间了，您带着孩子，先在这吃点饭吧，一会吃完饭，我开车送您回家，天气炎热，坐公交车不太方便。"

张女士："哦，谢谢，电表没问题我就放心了，你们服务态度太好了，又给我们买饭，还要开车送我们回家，真是谢谢你了……"

事后，白班长告诉我们，只要换位思考，想客户之所想，急客户之所急，客户是能理解我们的。

> **思考 1** 班组长如何做好服务工作，提高服务质量？

勇挑重担，关心员工

"停下，停下，辛苦了，你们两个歇一歇，分拣和摆放的工作就让我来帮忙吧。" 班长白亮进门就急匆匆地说，此时小汤和小周正在分拣拆回的旧电能表。近几年来资产管理的要求越来越细，考核指标也越来越多，其中电能表报废工作可谓既烦琐又劳累，公司 20 个供电所返还的旧表要在 186 系统一一扫码入库，之后还要在 MDS 系统清洁分选、分拣检测、报废处理，最后还要分厂家、分型号、摆放整齐，核对数量。拆回的旧表不仅脏还弥漫着阵阵烧焦的味道，从拆回到报废要经手四五次，每两三个月就有六七千只旧表报废，负责此项工作的是两名女同志，班长白亮考虑到这项工作既要认真细心又是体力活，只要有时间就来清洁、分拣旧表。"看到班长这么卖力，这么体贴我们，瞬间觉得那点苦那点累都不算什么，旧表烧焦的味道好像也没有那么刺鼻了。"计量班小周说到。跟旧表打交道脸上衣服上免不了沾上一些污垢，干完活大家看到彼此乌黑的双手和脸上衣服上留下的片片污渍，相视一笑，库房只留下阵阵欢声笑语和摆放得整整齐齐的旧表等待报废……

> **思考2** 作为班组长如何做到说话有人听，做事有人跟？

民主管理，集思广益

2017年9月的一天下午，计量班召开QC小组会议。

班长白亮说："又到了报下一年QC课题的时候了，这项工作非常有意义，但是想要做好也不是件容易的事情，大家有没有什么好点子、好想法或者目前工作中存在什么问题需要解决需要改进，一旦改进将会对现行工作有很大改观，有想法都提出来。"大家你一言我一语讨论激烈……

小高讲道："班长，现在供电所用SIM卡（SIM卡是安装在专变终端或者集中器上，以完成用电信息采集系统对专变客户、公变台区、低压集抄计量点进行采集数据）需求量日益增加，感觉新装的采集终端和集中器没有那么多啊，我们怎么能对这些SIM卡进行管理，知道每张卡都安装在什么地方了呢？"

班长白亮："小高的想法非常好，自从省公司提出全覆盖、全采集、全费控以来，对采集成功率的要求越来越高，公司系统中运行的卡约6000张，并且下属供电所多，我们之前对管理确实不到位，造成了SIM卡浪费，并且对卡的运行状态是否在线是否异常也不能很好的掌握，有时候是SIM卡异常造成终端不能上线，而供电所人员误以为是终端问题而换终端，造成资源浪费，这个问题如果能解决不仅可以减少资源浪费，还能提高采集成功率，大家觉得这个课题作为明年的QC课题怎么样？"

小裴："这么多卡，要想知道每个卡是不是在线，安装在什么地方，不好统计啊。"

白班长："是的，人工统计将会增加大量工作量也不方便管控，大家再想想有没有别的办法，会后我联系移动、联通、电信公司咨询一下，让他们指导一下。"

经过一年的努力，多次与移动、联通、电信公司沟通，白班长带领班员最终完成了"计量采集用 SIM 卡管理"App，是安装在手机上的一个 App，可以将 SIM 卡的安装位置、通信状态、流量用量异常预警等信息同步到该 App，实时管理 SIM 卡，实现计量资产精细化管理，减少了终端误拆率，有效提高了公司采集成功率，该课题于 2018 年获得了其所属供电公司二等奖。

思考 3 如何解决班组创新这个难题？

凝聚团队，聚焦目标

计量班是一个和谐奋进的团队，大家共同学习、共同进步，共同发展。班组深入推行内部事务公开和民主管理制度，充分尊重员工、关爱员工、凝聚人心，促进了班组与企业、班组与员工的和谐。

"人在一起，不叫团队；心在一起才叫团队"，这是班长白亮经常讲的话。尺有所短，寸有所长，为提高班组整体业务水平，计量班开展"轮流当讲师"的培训方式，每个人结合自己的具体工作定期给其他班员培训自己的专长，经过取长补短，目前计量班人人都是骨干，个个都是标兵，团队整体素质过硬。除此之外班长白亮还带领党员同志立足岗位发挥示范作用，强化党员同志的率先垂范作用，充分发挥榜样的力量，班组内已经形成了浓厚的工作氛围，不管遇到什么困难，

思考 4 "一枝独秀不是春，百花齐放春满园"，如何提高班组人员整体素质？

大家都不会退缩，谁都不甘落后，大家的目标只有一个：高质量、高效率完成工作任务。

问题解析

问题 1 班组长如何做好服务工作，提高服务质量？

解析 从客户的切身利益出发，换位思考。

不管遇到什么客户，白亮班长总能以平静的心态、面带笑容、尊重客户、放低姿态、耐心细致的解释客户的问题。他真诚为客户考虑，建议客户申请分时用电，给客户提供节约用电的常识，最大限度地为对方利益考虑。认真观察细节，客户带着小宝宝来校表，赶上中午吃饭时间，白班长给他们准备好饭菜，考虑到客户带着孩子坐公交车不方便，天气又热，自己开车送他们回家。整个校表的过程白班长一直在与客户解释交流，逐渐消除客户的敌对和不满心理，最终获得客户理解与认可，同时也在班组内弘扬了主动服务、全员服务、高效服务的精神。

问题 2 作为班组长如何做到说话有人听，做事有人跟？

解析 以身作则，任劳任怨，营造和谐的工作氛围。

俗话说，"打铁先得自身硬"。班组长必须有过硬的技术，有"别人不会的我会，别人会的我精"的工作本领，在班组工作中，白班长以身作则、身先士卒，关心关爱员工，不仅技术过硬，处处起到模范带头作用还坚持人性化、亲情化管理模式，在影响组员的思想情绪上下功夫，建立班组和谐的人文环境。就像小周说的那样："看到班长这么卖力，这么体贴我们，瞬间觉得那点苦那点累都不算什么，旧表烧焦的味道好像也没有那么刺鼻了。"班长一声温暖的问候、一句理解的话语至关重要，只要大家心情愉快，工作中的苦和累相信也就都能克服。白亮班长就是用自己的实际行动、人格魅力影响员工，达到说话有人听，做事有人跟的良好效果。

问题3 如何解决班组创新这个难题？

解 析 三个臭皮匠顶个诸葛亮，全员参与，攻坚克难。

很多人认为班员只要把日常工作做好就行了，创新是班长的事情，班长白亮不这么认为，他坚持民主管理原则，做到集思广益，不搞独断专行，让班员都参与到创新工作中，既提高了创新工作的质量又增强了班员的自信心和成就感。

为了做好创新活动，白班长的班组专门成立了创新工作室并制定了创新工作管理制度，每一次创新活动都充分听取班员的意见，因为班员对日常工作存在的问题，有哪些需要改进优化最有发言权，2016年该班结合工作实际，研制了一套可以利用智能手机快速检测电能表工况的装置，传统检测方式需要花费几个小时的时间，而这套装备在实际应用时只需要几分钟就能准确判断电能表工况，可以极大地节省工作时间和减少电能表误拆率。

问题4 "一枝独秀不是春，百花齐放春满园"，如何提高班组人员整体素质？

解 析 把学习当成一项工作任务，优势互补，共同提高。

失败的团队没有成功者，成功的团队成就每一个人，班长白亮不仅自己学习钻研、技艺精湛，还鼓励班员多学习，说："学习也是工作职责。"并且制定了一定的奖励措施，目前计量班学习氛围浓厚，两名员工分别顺利通过2018年国家一级注册计量师和二级注册计量师考试。在团队建设中，班长白亮为充分发挥班组每一个成员的优势，提高团队综合素质，打破了职位、学历、年龄的界限，通过"轮流当讲师"的培训方式，每周抽出两个小时集体学习，由擅长某个业务的"老师"为其他人讲解，让大家各尽所长、优势互补、共同提高，同时也大大激发了班组员工的工作和学习热情。

除此之外白班长带领党员同志充分发挥表率作用，对党员同志是一种鼓励也是一种鞭策，同时员工也找到了榜样。俗话说得好：信其师，则信其道，则循其步。努力喊破嗓子不如自己做好样子，与其发号施令，不如身体力行，榜样的力量是无穷的，班长的一个举动看似平凡简单，却能点燃班员心中无限的工作热情，最终提高班组的凝聚力、执行力。

要点点睛

（1）随着社会发展，人们对服务质量的要求越来越高，窗口班组班组长应该牢记公司服务宗旨，为客户提供优质高效的服务，争取让每一位客户满意放心。

（2）在班组管理中，班长对班员多一些关心体贴和认可有助于营造良好的工作氛围从而达到提高班组工作效率的目的。

（3）面对工作难题，要充分信任班员，依靠班员，集思广益，充分发挥每一位员工的聪明才智，才能攻坚克难，顺利完成目标。

（4）榜样的力量是无穷的，班组长要以身作则，为班员树立榜样，喊破嗓子不如做好样子，发号施令不如身体力行。

知识链接

表率效应就是指领导以身作则，下属就会自觉追随。要成为一个好的管理者，首先要管好自己，为员工们树立一个榜样。言教再多也不如身教有效。行为有时比语言更重要，领导的力量，很多往往不是由语言，而是由行为动作体现出来的，聪明的领导者尤其如此。在一个组织里，领袖当然是众人的榜样，你的言行举止都看在众人的眼里，只要懂得以身作则来影响下属，管理起来就会得心应手了。

新班长实践新理念，老班组焕发新生命
——C 公司物资仓储班"生命体"班组建设的探索与实践

卓越执行的"细胞群"班组是公司创新发展的坚实基础和中坚力量，充满活力的"生命体"班组是卓越执行"细胞群"班组的升华。本案例描述了 C 公司在智能仓储、质检体系建设基础上，结合物资仓储工作流程及工作现场实际，打造基于大数据的"储、检、配一体化"管理平台，强化在库物资质量管理，探索物资质量和储运一体化运作新模式，建设智慧型的"生命体"班组的案例。

"生命体"班组　储检配一体化　大云物移技术

情景聚焦

我叫赵凌，从事变电运维专业 20 多年。2018 年 5 月 18 日，对于我是一个特别的日子，因为今天是我通过岗位竞聘方式，来 C 市供电公司物资部报到的第一天。在物资部朱主任的带领下，我来到了物资部仓储班。朱主任介绍，仓储班在成立时间不长，仓储班组现有班组成员 4 人，其中副班长1人，组员2人，特种设备操作工1人，负责公司周转库。负责的周转库坐落在C市工业园区物流基地，占地83亩，基地内建有2座室内仓库（市公司周转库和省检修公司仓储点）共5000平方米，室外堆场三处共4500平方米，办公楼一座1150平方米。虽然仓储班"年龄"不大，但功绩并不少，先后荣获国家电网有限公司"先进班组"和省公司"模范班组"称号，公司仓储管理工作连续五年获得省公司"先进标杆单位"称号，业绩对标管理始终位居省公司前列。朱主任语重心长地说道，赵凌，你此次竞聘的岗位是仓储班班长岗位，加上你以后班组成员就是5人了，希望今后班组在你的带领下使班组业绩对标、管理上更上一层楼！听完这话，我的心里沉甸甸的，对着这偌大的83亩地，数以万计的各类物资，却只有5名队员，这工作可怎么开展啊？

隔行如隔山

坐在办公室里的我，面对新的岗位，一筹莫展。物资仓储负责整个公司物资的质量，需要有效的库存管理，合理的物资储备。但是人员少，员工学习创新动力不足，基础管理流程、台账又多……并非像外界以为的，仓库就是收货、发货那么简单……当时心里没有了底，想想真是"隔行如隔山"，这"兵头将尾"的班长可真不好当啊！

不会？那就从头开始学！在接下来的三个月里，物资仓储中的各项工作我一项一项地学习。我一遍一遍地翻阅国网公司、省公司仓储管理办法，利用手机App、ERP系统应用进行移动收发货。积极响应公司工会要求，在班组每周组织开展一期"微讲堂"，各位组员分享业务知识和心得经验，作为仓储"新人"，我在这样的分享活动中受益匪浅。两三个月下来，体重掉了不少，头发掉了不少，但知识技能也掌握了不少。一方面对物资仓储工作有了全新的认识和系统

> **思考1** 建设大数据智能仓储管理系统的必要性是什么？

的了解，同时也在思考，我们的企业已是世界五百强的第二位了，我们的仓储物流系统应该升级了。

超级大礼

7月份的某一天，办公室里传出仓储副班长刘兆的声音，"赵班长，明天我要去省会，开一个汇报会。"

"好。你去吧！汇报会？什么汇报会？"我随口一问。

"省公司召开的智能仓储工作汇报会，大云物移等信息通信新技术快速兴起，省公司决定2018年在我们公司开展智能仓储体系建设试点单位。"刘兆回答。

"等等，大云物移？那是什么？"我压抑着兴奋，故作深沉地问。

只见刘班长开启口若悬河模式："近年来，云计算、大数据、物联网、移动互联等信息通信新技术快速兴起，公司积极跟踪新技术发展趋势，开展关键技术攻关，形成一大批技术成果并成功应用，成效显著。新技术应用日趋成熟，为物资仓储管理模式变革带来新的契机。省公司决定2018年在我们C市供电公司开展智能仓储体系建设试点单位，是依据国网公司下发的现代（智慧）物资供应链建设方案和当前智慧物流技术的发展趋势，在公司仓储现有基础上，充分利用二维码、RFID射频等物联网技术，引入自动化立体仓库、堆垛机、穿梭车、自动引导车等自动化设备，以信息化手段支撑物资仓储业务应用，推动仓储信息化管理从'一本账'记账向'自动化'作业延伸，实现仓储物流作业信息化、自动化和智能化，实现物资的智能快速出入库、盘点、移库，以及对物资的实时监控、管理和统计分析。同时深入拓展物资移动收发货App系统模块应用。以切合实际应用为基准，提升工作效率为目的，充分利用物资收发货、库存查询、通知预警等实用模块的信息传达与辅助提醒作用，构建物资部门和项目单位信息共享、协同交互的工作模式。"

"也太爽了吧！"我按捺不住内心的激动，"运气太好了，这是省公司送给我这位新班长的一份超级大礼啊！"

思考 2 为何建设储检一体化运作检测中心？

喜从天降

高温持续了20多天，8月13日的一场强降雨让气温稍稍凉爽了一些。物资部的周例会上，朱主任带来了省公司要在C市供电公司试点储检一体化体系建设的消息，在公司周转库基地内，2座室内仓库基础上，再建设一个质量检测中心，为全框式钢构厂房，面积约2000平方米，初期建设即能满足对配电变压器、电抗器等10类物资达到C类（部分B类）检测的要求，三年内终期建设将满足35类物资达到C类（部分B类）检测的要求。

"G省只有两个试点，一个在我们C市供电公司，点就选在赵班长的仓储班，你们要高度重视啊！"

"请领导放心，我们一定全力做好相关工作！"我和刘班长相视一笑。

这就是喜从天降啊！质检一体化检测中心一旦建成，以后公司采购的物资再也不用先入库、再出库送检、再入库入账啦。物资入库的同时即可开展质量抽样检测，减少了物资二次搬运的环节，检测的效率和周期将大为缩短，针对检测不合格的物资，仓储人员将不予入库直接退给供货商，将质量管控的节点控制在物资入库之前，工作量能够大大减轻的同时，更能确保我们仓库的物资合格率达到100%啊！看来我们C公司物资部每年在省公司同业对表中名列前茅果然是好处多多。物资部的同事们也对检测中心落户C市供电公司激动不已。

思考 3 该怎样创建"生命体"班组？

向"生命体"转变

9月3日，还埋头沉醉于储检一体化检测中心图纸的我听到"叮叮叮"的电话铃响声，物资部主任通知我后天陪同省公司工会同志到X市供电公司参加"生命体"班组课题研究的开题报告会。

"生命体"班组？我脑袋里打了问号，似懂又非懂。说懂，是因为公司工会从2018年5月底便开始大力宣贯"生命体"班组的相关事宜，公司、工区两个层面的学习宣贯我都有参加。可高深的理论知识让我觉得"生命体班组"建设如空中楼阁，可望而不可即。班组3.0，班组4.0，班组5.0，这些和我们的日常工作有关系吗？是能帮班组成员减少工作量？还是能让物资出入库变得更加简单？车辆行驶在前往X城的高速公路上，一路的冥思苦想，却也没悟出点什么。

"生命体"班组研讨会上，省公司工会副主席亲自主持。对理论研究透彻的X市供电公司工会主席为我们深入浅出地阐释了原本书本上高深莫测的"生命体"概念和"班组进化论"。国家电网公司在新时代能源互联网建设中，明确班组是企业的"细胞"，是企业一切工作的基础和落脚点，在企业发展中起着至关重要的作用，是企业不可缺少的组成部分。"生命体"班组建设就是将班组由卓越执行的"细胞群"打造成为充满活力的"生命体"，其组建结构像"网状"，形态似"水"。

同时，会议上，X市供电公司的营业厅班长也分享了他们在"生命体"班组创建工作中的一些尝试。有理论，有实践，原本虚无缥缈的"生命体"班组仿佛降临了人间，既有科技感，又有实用性，既可一眼千里，却又近在眼前。返程的路上，我就开始美滋滋的畅想着我们的仓储班如何华丽的转身为"生命体"了。

回到公司，我们充分把握此次"生命体"班组试点的契机，以物资部仓储业扩业务为中心，以公司物资需求应用为主导，以物资质量为基础，从组织管理变革、业务模式转变、班组活力激发等三个重点出发，积极开展"生命体"班组探索与实践的调研、讨论和分析，明确了班组建设的新方向、新模式，在智能仓储、质检体系建设基础上，打造基于大数据的"储、检、配一体化"管理平台，强化在库物资质量管理，探索物资质量和储运一体化运作新模式，打破各个班组的职能边界，利用大数据分析的智能平台，通过平台收集、反馈各关键节点物资相关信息，建立信息共享云平台，进而建成能够自主驱动、智慧分析、自我成长的"复合型"团队。

 问题解析

思考 1 建设大数据智能仓储管理系统的必要性是什么？

解 析 引入"大云物移"技术的智能仓储管理体系，为公司带来显著的经济效益。

公司物资仓储信息系统功能已覆盖库存管理、仓储管理两大业务，系统功能对业务的支撑力还存在一些问题。

1. 系统操作复杂，效率低下

仓管员开展仓储业务时，需要手工录入数据，人工确定存放位置、人工拣配等，作业复杂程度高，获取单据信息并手动录入，无论是台式电脑还是移动端终端操作，都需执行多步骤操作才能完成一项作业，系统作业平台操作不够人性化。

2. 业务数据录入不及时

货物发货到施工现场或者非仓库室内入库的业务数据不能及时录入ERP系统，容易造成短时间内的账卡物不一致。

3. 业务数据分散，追溯性差

物资全流程涉及较多业务环节，各环节数据呈碎片状分布，不能直接获取、直观展示，需要使用不同功能报表查询，无法及时跟踪物资状态信息。

通过引入"大云物移"技术的智能仓储管理体系，以先进硬件和软件

作为基础，创设与智能仓储体系运行方式相适宜的工作机制，智能仓储的功能得到最大限度的发挥，实现了物资交接、验收、盘点、查询等业务的智能化，实现了仓储作业的自动化，减轻了人员工作量和强度，提升了仓储作业效率，节约了大量的人力成本和时间成本。高效的进出库作业加快了物资周转，避免了物资积压带来的损耗和因技术升级导致的物资淘汰。

思考 2　**为何建设储检一体化运作检测中心？**
解　析　**严把设备入网质量关，确保电网工程的安全、平稳运行。**

建设仓储质检一体化运作的检测中心，符合网省公司"规模化检测、智能化仓储、统一化监督"的长期发展战略，质检中心将现有检测资源实施整合，建立线圈类设备实验室、开关类设备实验室、材料类实验室，同时系统外第三方检测机构签订长期合作协议，作为检测能力的补充，实现所有物资类别、所有供应商、所有招标批次"三个100%"全覆盖。同时可以建立全方位质量信息共享管控机制，整合设备质量数据，常态化开展质量信息共享和大数据挖掘、分析，实现质量信息共享融合、管控有据可依、供应商评价客观公正。统筹协调设备制造、运输、到货验收、安装调试和竣工验收等时间需求，细化落实各环节工作要求和管控措施，保障设备合理供货周期，消除因抢工期发生的质量隐患。完善物资质量监督管控体系，发挥专业支撑作用，狠抓质量监督措施落实，严把设备入网质量关。

思考 3　**该怎样创建"生命体"班组？**
解　析　**开展区域质检、存储一体化模式应用，结合质检中心和智能仓储建设，强化在库物资质量管理，探索物资质量和储运一体化运作新模式。**

班组是企业的"细胞"，是企业一切工作的基础和落脚点，在企业发展中起着至关重要的作用，是企业不可缺少的组成部分。"生命体"班组建设就是将班组由卓越执行的"细胞群"打造成为充满活力的"生命体"，其组建结构像

"网状"，形态似"水"。结合物资仓储工作流程及工作现场实际，"生命体"课题小组决定在智能仓储、质检体系建设基础上，打造基于大数据的"储检配一体化"管理平台。强化在库物资质量管理，探索物资质量和储运一体化运作新模式。

"生命体"班组建设，坚持以人为本，由专业精细化分工向一专多能、高效协同转变。并定期开展宣传培训，使班组成员能及时掌握各种业务技能，从而达到一专多能的业务素质，增强岗位适应能力。同时纳入班组成员绩效考核，按照"绩效最优、能上能下、能进能出"的原则，择优考评上岗。

将智能信息平台数据收集、反馈分析等相关信息的更新及维护工作，设检索功能并由专人管理，为常态化工作，形成规范的管理制度流程。引入监察体系，对平台的数据和工单流转进行全过程监控，形成闭环管理。同时还要纳入班组成员绩效考核与同业对标，针对工作突出、取得优异成绩的方面，总结出经验，并举一反三，在其他工作中借鉴、推广。

同时开放"生命体"班组成员相应的权限，鼓励成员运用大数据分析的智能平台，通过平台能够使成员自主驱动融合业务、开展业务，激发成员潜能，完成成员在业务上的智慧分析和能力上的个人成长。有效减轻一线员工作业负担的同时，提高仓储业务管理的准确性和真实性。

要点点睛

（1）以"生命体"班组试点为契机，以物资部仓储业扩业务为中心，以公司物资需求应用为主导和物资质量为基础，从组织管理变革、业务模式转变、班组活力激发等三个重点出发。打破各个班组的职能边界，利用大数据分析的智能平台，通过平台收集、反馈各关键节点物资相关信息，建立信息共享云平台，进而建成能够自主驱动、智慧分析、自我成长的"复合型"团队。

（2）引入"大云物移"技术的智能仓储管理体系，实现仓储作业的自动化，减轻了人员工作量和强度，提升仓储作业效率，节约了大量的人力成本和时间成本。

（3）严把设备入网质量关，确保电网工程的安全、平稳运行。

（4）开展区域质检、存储一体化模式应用，结合质检中心和智能仓储建设，强化在库物资质量管理，探索物资质量和储运一体化运作新模式。

 知识链接

大云物移

大云物移即大数据、云计算、物联网、移动互联。由大数据和云计算平台支撑的内外贯通的物联网，打造"互联网＋电力物资"的智慧管理模式，进一步提升物资仓储的协同运作能力、集中管控能力、优化配置能力、快速响应能力和专业管理能力。

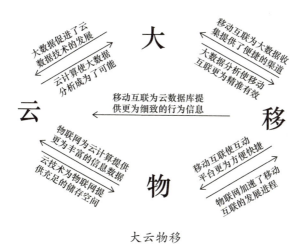

大云物移

储检一体化检测中心

自 2017 年起，国网公司对物资管理提出"规模化检测、智能化仓储、统一化监督"的长期发展战略，A 省电力公司根据"长远布局、分类推进、整体提升"的思路，打造"1+3+10"的质检中心，其中 C 公司被选定为作为智能化仓储和储检一体化检测中心建设的试点单位之一。

第二章
班组计划管理

◎ "四定"计划管控修炼记

◎ 线路巡视，"计"上心来

"四定"计划管控修炼记
——供电所工作计划管理探索之路

凡事预则立,不预则废。本案例描述了乡镇供电所汤所长面对在工作计划管控中,干事凭经验、靠记忆,导致工作任务安排和落实无序的问题,通过对工作计划管理的不断探索,提炼"四定"关键要素,把握推进过程中督导协调这一关键点,营造干事创业氛围,建立起有效的工作计划管控机制,实现工作有序推进,提升供电所业绩和班组管理成效的案例。

计划管理　工作例会　督导协调

情景聚焦

　　XX供电公司乡镇供电所作为电网公司基层综合性班组和窗口单位,直接面对广大电力客户,其服务能力和水平直接影响着广大电力客户对电力行业的整体评价。特别是乡镇供电所的人员结构普遍存在"一高两低"现象,即年龄高,学历低,综合素质低,在这样的管理背景下,如何落实好乡镇供电所各项工作，考验着所长的智慧和管理能力。汤所长虽然也是一位在班组长岗位上摸爬滚打多年的老班长。但他一开始也忽视了"布置工作靠嘴讲、凭记忆，不是漏这件，就是忘那项"的问题。

开完月度例会，汤所长悉心布置下月工作任务，看大家听得都很认真，他信心满满，认为下月各项任务自己说的一件都不落，肯定能够全部完成。一个月的工作中，大家都各自忙各自的工作，汤所长也没有过问。

转眼又到了月底，月度例会上。

汤所长询问："刘班长，上个月布置的特殊用户走访，开展得怎么样了？"

刘班长不好意思的挠了挠脑袋说："哦，这个月事情多，这个事情一时给忘记了……"

汤所长责问："这个事情，在上个月所务会上，我重点强调了，你当时不是头直点，肯定能完成……这件事是公司下达给我所的重点工作，又涉及老百姓用电问题，你说完不成怎么办……？"

就这样，由于乡镇供电所业务涉及安全管理、指标管控、配电运维、营销服务、党风廉政等，工作千头万绪，一到月底所长询问班长相关工作开展情况的时候，往往不是漏这件，就是忘那项，导致工作没有完成。

见班长在安排客户经理工作时，往往也都是凭经验、靠记忆落实工作，或是所长临时说一件落实一件，毫无计划性可言。忘记布置导致工作无法落实的场景不止一次出现，汤所长看在眼里，急在心里，"这样可不行，必须要把工作计划有效的管控起来。"于是汤所长决定探索建立工作计划管控机制——工作计划"四定"管控卡。

供电所月度工作计划"四定"管控卡，简单来说就是依据岗位职责分工，"定任务、定要求、定时间、定人员"。定任务，就是明确工作任务内容；定要求，就是

> **思考1** 如何制定供电所月度工作计划？

明确任务完成的质量要求；定时间，就是明确任务完成的时间；定人员，就是明确牵头人和具体实施人员。

缺少了过程督导，有困难就停滞，计划管控效果不佳

工作计划"四定"管控卡实施的几个月以来，汤所长明显感觉到，原来干事凭经验、靠记忆，说一件落实一件的情况得到明显的改善，各项工作计划基本上都得到了很好的落实。汤所长在月度工作会议上，工作计划布置完后，现场将工作计划"四定"管控卡下达给班长去分别落实，也就很少过问了，到月底例会上，再由班长汇报各项工作完成情况。

又到了月底例会了。客户服务班强班长汇报："后王台区低压线路清障工作计划没有完成，由于老李家竹林青苗赔偿无法谈妥 ......"汤所长心里就想："怎么都一个月了，还没有完成，老李家青苗赔偿没谈好，怎么不早说，早干嘛去了？早汇报的话，所里会想尽办法，举全所之力解决问题，而不是到月底才说由于种种原因没完成。"可又一想，责任不全在强班长身上，自己在布置完工作后，也没有过问相关情况，就等着他月底汇报完成了，过程开展的怎么样？是否有困难？也没有过问。

汤所长也有责任。工作计划布置过后，自己当起了甩手掌柜，过程不管不问，只等完成结果了，导致工作计划推进过程中遇到问题无法完成。如何解决这一问题，汤所长再次陷入了思考。

> **思考 2** 如何管控月度工作计划有效实施？

"两会一跟踪"，强化工作计划过程督导与协调

"两会一跟踪"即全所月度工作例会制度、所务周例会制度、过程督导。供电所通过工作计划管控机制的实施，各班长也尝到了工作计划管控的甜头，他们说："现在事情干得顺心了，干劲足了。"他们也学会了计划管控，

在布置客户经理工作时，也学会了统筹考虑安全生产、指标管控、营销服务、配电运维、党风廉政工作任务，同布置、同要求，提高了客户经理工作效率。

2 年多以来，通过工作计划"四定"管控的实施，A 供电所各项业绩指标成绩优秀，在市公司供电所同业对标中始终保持前 5 名，始终处于 A 段。月度工作计划完成率均达到 100%，客户服务满意度 100%。供电所各项工作得到当地政府、市县公司一致认可。

> **思考 3** 如何通过激励机制来促进工作计划的完成？

但是每个人工作任务有多少，完成的时间有先后，完成质量有高低。还需要建立一个有效激励机制，引导班长和员工按时高效完成工作计划，激励班长和员工工作积极性与主动性，营造干事创业工作氛围，形成一种班组文化，汤所长又有了新的想法。

问题解析

思考 1 如何制定供电所月度工作计划？

解 析 工作计划"四定"管控卡，任务简单明了。

乡镇供电所作为国网公司基层综合性班组和窗口单位，服务能力和水平，直接影响着广大电力客户对电力行业的整体评价。供电所的服务能力是基于日常配电运维、客户服务等各项工作任务按时高效完成的基础上的。没有高效的工作计划管控，供电所服务能力将无法满足广大电力客户日益增长的用电需求。

1. 供电所工作计划性不强的原因分析

乡镇供电所业务涉及安全管控、指标管控、配电运维、营销服务、党风廉政等，一头是电网，一头联系着千家万户，可以说工作千头万绪。从人员结构来看，省公司系统内，乡镇供电所员工基本上以农电员工为主，基本上都是电力体制改革中，从村电工或是电管站人员整体划转而来，人员结构年龄老化，学历层次低，综合能力不高是普遍现象。供电所班组长等管理人员也普遍存在"一高两低"现象，长期以来，形成了干事凭经验、靠记忆，想到哪干到哪的习惯。

2. 工作计划"四定"管控卡，工作计划一目了然

管理者和执行者对工作计划的高度认同，是工作计划有效落实和实施的前提。根据上级公司布置的工作任务，结合实际情况，借鉴"5W2H1E"分析法，制定各指标管控目标计划和各项工作计划管控卡 ——工作计划"四定"管控卡，即在完善岗位职责分工基础上，做到"定任务、定要求、定时间、定人员"，工作计划一目了然。

定任务：就是明确指标管控目标和各项工作计划意义和具体内容，即解决"干什么"的问题。

定要求：就是明确工作计划完成的质量要求，即解决"怎么干，干到什么程度"的问题。

定时间：就是明确工作计划完成的时间，即解决"什么时候干，什么时候要干完"的问题。

定人员：就是在岗位职责分工的基础上，明确任务牵头管控人员和具体实施人员，即解决"谁牵头组织，谁来干"的问题。

工作计划"四定"管控卡，一项计划的目的和内容、质量要求、责任人、组织协调、时间一目了然，简单明了。工作计划在全所月度例会上布置，并纸张下达给班长，完成情况在下月例会上小结汇报，并在所务公开栏中张贴，工作计划全所认同，不会忘。

思考2 如何管控月度工作计划有效实施？

解 析 "两会一跟踪"，保障工作计划高效实施和按期保质完成。

工作计划布置完成后，过程管控是工作计划达到预期效果和如期保质

完成必不可少的环节，缺少过程管控的工作计划，正实施过中容易走样，甚至无法完成。通过"两会一跟踪"管控机制，可保障工作计划按期保质完成。

1. 工作计划无法按期完成原因分析

月度工作布置后，虽然工作计划都下达给班长了，但是还存在部分工作无法按期保质完成的现象：主要原因集中在以下三个方面。

（1）遇困难就停滞。在工作推进有难度或是有困难时，班长未及时汇报，或是所长和班长信息不对称。有困难就停滞，导致计划工作无法按期完成。

（2）没有统筹，忙不过来。乡镇供电所安全管控、指标管控、配电运维、营销服务、党风廉政各项工作，落脚点都在客户经理。班长在布置工作时候，各自布置各专业工作任务，没能统筹协调好，往往导致客户经理同一个台区跑多次的现象，额外增加客户经理工作强度，激化客户经理工作情绪，降低工作效率的情况，往往容易导致计划工作无法按期完成或是降低工作质量。

（3）时间仓促。由于班长忘记布置任务了，又没有人督促提醒；或是月底突然想起来还有任务没有布置，时间仓促，来不及完成。

以上三个方面的原因，主要还是在于对工作计划的管控失效，缺少过程督导与协调。

2. "两会一跟踪"，强化工作计划督导与协调

在月度工作计划"四定"管控卡实施基础上，"两会一跟踪"可以强化工作督查与协调，推进工作计划有效实施，确保工作计划如期按质完成。"两会一跟踪"即全所月度工作例会制度、所务周例会制度和过程督导。

（1）全所月度例会工作制度。每月一次全所人员参加的工作例会，对上月工作计划完成情况小结，对下月工作计划布置和安排，工作计划小结由班长小结，所长点评。通过月度工作计划"四定"管控卡，定任务、定要求、定时间、定人员。管控卡由所长纸质下达给班长，并在所务公开栏中公布，强化了供电所工作计划刚性要求和权威。

（2）所务周例会制度。每周五一次所长、班长参加的所务例会，班长对各项工作推进情况的小结，分析研判困难和问题，制定有效措施，多措并举解决困难和问题，促进月度工作计划分阶段稳步推进。

（3）一跟踪即过程督导。通过与班长、员工日常交流和了解，或在工作交流或在平时谈心，及时协调和处理工作计划推进中存在的问题和困难，促进工作任务有效推进。

"两会一跟踪"工作计划管控机制，形成了工作计划推进的"月计划、周分析、日督导"推进机制，工作计划有布置、有督导、有检查，能确保工作计划按期保质完成。

思考3 如何通过激励机制来促进工作计划的完成？

解 析 以结果为导向的激励机制，营造积极向上的工作氛围。

每位员工工作任务有多少，难易有差异，完成质量有差异。需要建立起针对工作计划完成结果的简单易行、行之有效的激励机制。

（1）以结果为导向的激励机制。激励的重点是基于事实基础，关键在公认、公平、简单易行，目的是奖勤罚懒。建立以工作计划完成情况的绩效考核细则，具体是：班长工作布置迟，导致工作无法完成的，考核班长；班长布置了，客户经理没有按期保质完成，考核客户经理。做到考核精准。

（2）树立工作计划刚性要求和权威。班长工作计划完成情况激励分值，占比绩效成绩20%。奖惩结果在所务会上通报，并在所务公开栏中公布，与个人绩效奖金和评先评优直接挂钩。

（3）培育积极向上的工作氛围。通过激励和树立工作计划的权威，引导全所员工认识到计划管理对各项工作推进的引领作用，自觉主动参与到落实和实施计划过程中，全力以赴促进工作计划有效推进和圆满完成，营造和培育积极向上的班组文化。

建立绩效激励机制，树立工作计划刚性要求和权威，引导员工主动参与到工作计划实施中，营造积极向上的工作氛围。

要点点睛

（1）管理者和执行者对工作计划的认同，是保障计划有效实施的前提。实行工作计划"四定"管控卡，对工作计划内容、要求、时间、责任人进行具体明确，布置清晰，并公开显示，做到工作计划全员认同。

（2）工作计划推进过程中的管控，是确保计划按期保质完成的必要环节。"两会一跟踪"工作计划推进管控机制，形成工作计划"月计划、周分析、日督导"推进机制，以确保工作计划能够如期按质完成。

（3）绩效激励，奖勤罚懒，树立工作计划刚性要求和权威，引导员工主动参与到工作计划实施中，营造积极向上的工作氛围。

知识链接

5W2H1E 分析法

计划是"安排"要"做"的一系列事情，是否"安排（或计划）"得好，可用"做正确的事情，把事情做正确"来衡量。同时，计划还要考虑可操作、可执行、可衡量、可检查。因此，制定一个好的计划不是一件容易的事情。下面浅析 5W2H1E 分析法在做计划中的应用。

1. 计划的类型

根据目的、目标不同制定不同的计划，如：

（1）对目标来说，通常制定"年度、季度、月工作计划"。

（2）对某项任务来说，通常制定"项目实施计划"。

（3）对于要解决的问题来说，通常制定过程管理中的"改进计划"。

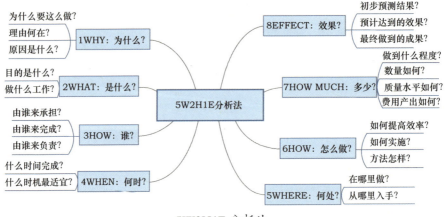

5W2H1E 分析法

2.计划中常见的几个问题

（1）描述想法多，阐述具体行动少。听起来很好，但不知道具体都干什么事，很有可能就是一句空口号。

（2）计划中缺乏时间要素，按照责任人自己理解的时间来进行，往往失控。

（3）在计划中缺乏责任人要素，有问题分析、有措施，就缺谁负责做。

线路巡视，"计"上心来
——线路班巡线计划蜕变记

 摘　要　欲善其事，计划先行。本案例通过新任班长小崔不断探索线路巡线计划制定和完善的过程，最后通过明确计划目标、量化指标考核、重难点分析、人性化管理等手段丰富计划管理内涵，统筹班组资源、优化班组计划，得到了班组成员的一致拥护，促进班组高效高质完成线路巡视任务的事件，剖析了班组长在如何制定班组计划、关键点以及管控考核等方面应注意的问题。

 关键词　计划管理　班组目标　目标量化

情景聚焦

　　A 市供电公司线路班是承担市区配电线路及其设备的运行维护班组，负责配电线路的日常巡视、设备维修以及故障抢修等管理工作，因其所辖设备点多面广，班组工作较为繁重。

　　小崔年纪轻轻就被提任为线路班新班长，面对曾经作为"师傅"们的班组成员，他心里既敬重又担心，该如何给"师傅"班员安排工作？

他们能服从自己的计划安排么？带着这样一种忐忑的心理，小崔上任了。

规范替代，计划缺失

线路定期巡视工作是配电线路最基础的常规生产工作，巡视的周期也比较固定，按照规程规范要求每月开展一次，每个班组成员作为线路的设备主人都形成了自己一定的工作特点。小崔上任第一件事情就是安排线路巡视计划。小崔心里清楚线路每月都巡视，而且"师傅"们对各自的线路都很熟悉，从来不制定详细计划，上任刚刚退休的班长老吴也没做过具体的巡视计划，班员们全靠自觉按照规程规范的巡视周期和要求开展，所以他开展巡线计划计划制定工作能得到响应吗，他心里没底。经过一番思考，小崔决定先不打破陈规，只把巡视的重点特别进行了强调。小崔就将所有线路在一个月内做了简单的计划安排，每一周巡视哪一条线路做了一个简单的分工，其他的就不再做具体布置了。小崔布置完工作后，如释重负，环顾班组成员们的反映，大家都认真地听着计划安排和记录着任务分工，小崔觉得班组的线路巡视计划任务应该没什么问题。

但是一到月末检查时，问题来了：好几个班组成员的巡线任务根本没完成，而且巡视记录也填写得不完全，敷衍了事的风气开始在班组中弥漫。小崔看在眼里急在心里，而且有些老同志对巡视也有着不同的看法："我的线路我自己清楚，都巡视了几年了，哪根杆子旁边长了哪棵树、哪只鸟喜欢在哪根杆上筑窝，我都一清二楚，要每月都去巡视做什么？"

> **思考 1** 班长小崔最初制定的巡线计划存在哪些问题？

计划精确，班员敷衍

"是打破僵局重新定计划，还是墨守成规照老办法来？"小崔痛定思痛，认为老班长德高望重，虽然没有什么明确的巡视计划但是班组成员都会自觉完成，而自己威望不够，只能自己多努力，将计划安排好才能起到推进工作的作用。经过深思熟虑，小崔决定将每周计划做得很详细，将每日的巡视工作通过派工直接下派给班组成员来推进。通过班务会讨论后，大家对这种做法也没有多大异议，随后的一个月开始按照小崔的提议开始了。

上有政策下有对策。通过每周安排计划、每天下达派工单的方法开始巡线，但是每天班组成员派出去之后，如泥牛入海杳无音讯，第二天检查巡视记录本也有些无足轻重的缺陷记录，从记录上判断部分人员线路巡视质量不高、计划执行不到位。但是更为恶劣的是，线路的跳闸和故障却明显增多了，线路故障率比较同期有较大上升，在工区的班组中指标开始松动和下滑。小崔找来指标垫底的老王，想通过交流来确定指标下滑的原因，谈着谈着，老王不高兴地说道："你怎么说我怎么办，我都是按照你的派工单去巡视的，故障率高我没办法，反正事情我都已经干了。"小崔虽然知道里面有隐情，但是也没有办法反驳，一是计划是自己制定的，班组成员没有参与；二是历史的巡视过程也无从查起，小崔只能把此事放在心里思索对策。

> **思考 2** 制定了详细的巡线计划，班长小崔为什么还是没能有效推动巡线工作？

系统管理，强化监控

带着疑问，小崔专程看望退休班长老吴，想从前辈那里取取经。老吴开口就问："制定巡线计划你想达到什么目的，大家怎么方便执行，该怎么监督考核？"通过与老班长的一番畅谈和开导，小崔听后心里若有所悟。

第二天，小崔召集班务会讨论巡视计划目标，班组一致同意将故障率和巡视质量评价作为巡视计划的考核指标，同时作为班组的绩效考核的重要一项；小崔在会上也检讨了自己计划安排中的问题：没有让大家参与计划中来，没有顾及大家的感受，比如没有考虑到老同志的身体情况、晚上抢修人员第二天还安排巡视任务等，表示以后安排巡线计划会提前协商，请大家一同参与计划管理，共同完成巡视计划任务；同时，小崔还提出希望班组一起商议讨论巡线的重点和难点，提炼经验形成切实可行的标准巡视"作业卡"，针对不同类型设备明确巡视的关键点和注意事项，制作成方便巡视携带的作业卡片，同时依托标准巡线"作业卡"请经验丰富的老同志对年轻班员进行培训。这次班务会，得到了班组成员的热烈回应，标准巡线"作业卡"也制定并完善起来，小崔的心里渐渐有底了。

> **思考 3** 班长小崔对巡线计划的改进有哪些亮点？

细化指标，绩效提升

但是到了月底考核之时，问题随之又来。故障率通过一个月的运行情况能计算出来，但是"巡视质量评价"却怎么评价呢？有人说"老张记录全面老张分数高"，有人提议"巡视记录谁最准确谁分高"，有人发言"以发现的缺陷多少作为评判依据"，有的人则认为故障率作为结果反映一切，否定巡视质量评价作为考核依据……你一言我一语，小崔心里也犯起了嘀咕。但是小崔还是发扬了班组民主精神，鼓励大家集体讨论巡视质量评价的可量化指标。通过班组讨论，最终确定"故障率""巡视计划完成率""巡视到位率""百公里线路缺陷数""缺陷消缺率"5 个可量化指标作为巡视计划完成的考核指标，而且对这些指标还赋了一定权重。

经过几个月的磨合，小崔已经感受到班组巡视计划管理的初步成效，班组巡视计划完成率从 78% 提升到 96%，线路故障率从 0.37 次 /（百公里·年）下降到 0.11 次 /（百公里·年），班组的故障率逐月下降，年底班组各项生产指标名列公司前列而被评为公司先进班组。

> **思考 4** 班组针对计划任务完成情况的考核，需要注意哪些方面？

问题解析

思考 1 班长小崔最初制定的巡线计划存在哪些问题？

解 析 规程规范只是指导工作的标准，不能作为实际工作的计划安排。

本案例中班长小崔以规程规范代替工作计划，巡线计划任务无法完成。电力生产工作大多有规程规范指导，这些标准中往往有对工作周期、工作重点、注意事项等的具体规定，但不能作为实际具体某项业务开展的工作计划。一份切实可行的工作计划是工作顺利完成的前提和保证，需要在规程规范的指导下，结合现场设备、人员、场地、天气等多重因素，预先针对性地做出科学合理的安排。

思考 2 制定了详细的巡线计划，班长小崔为什么还是没能有效推动巡线工作？

解 析 班组计划如果没有目标作为指引就是盲目的，而盲目行动不可能达到理想的效果。

在此过程中，小崔制定了详细的巡线计划，但是班组成员却以应付敷衍，除了小崔个人威信在班组中尚未树立之外，主要原因是小崔制定的巡线计划只是一个计划，却没有目标指引，更没有将目标转化为可考核的指标，巡线计划完成的好坏情况没有办法进行评价，因此班组成员对待巡线计划也就形成了可有可无的心态。另外，巡线计划虽然制定了，但小崔没有对计划执行提出相关要求，导致班组成员敷衍了事，加之对计划完成缺乏跟踪监督和设置考核，也就无法对计划完成情况进行评价考核，因此执行中出现了偏差也没有办法进行纠偏。

总之，脱离了目标而制定的计划，既失去了制定计划的意义，也无法对计划执行情况进行跟踪与考核，最后导致计划执行出现偏差直至目标无法达成。

思考 3 班长小崔对巡线计划的改进有哪些亮点？

解 析 全方位计划管理，确保计划有效执行。

小崔在经过初次推行计划管理遇到问题之后，针对出现的问题深刻反思，既客观地对班组执行计划过程深入分析，也主观地对自己计划管理工作剖析和批评，发扬民主同时也集合集体智慧，共同完善班组的计划管理工作。综合来看，小崔此次计划管理工作改进，主要亮点如下：

1. 明确巡线目标并针对性地提出考核指标，根据目标制定计划

在制定班组工作计划的时候，一是对目标进行进一步分解，与班组成员在计划目标上达成共识，产生共同推动计划完成的动力；二是要考虑目标与计划的匹配，便于计划执行不会产生偏差；三是计划制定与计划实现的考核标准要求统一。

2. 计划管理过程中考虑到班组各种资源综合平衡

根据目标制定班组工作计划过程中，需要从时间、空间、人力、环境等多重资源条件，综合平衡调配这些资源，使班组各项资源得以有效利用，减少浪费、降低成本、形成有效合力，促进班组计划目标有效实现。

3. 制定计划过程中还要抓住重点、难点和关键点，提出对应的解决措施，进而实现标准化作业

工作计划的贯彻执行是计划目标完成的保障，而执行过程中的重点、难点和关键点是制定计划需要统筹考虑的，并在计划制定之时提出相应的具体措施、方法和途径，为计划执行奠定坚实基础。在经过总结提炼的基

础上，可以将作业流程和作业规范固化和标准化，形成标准化的作业程序，可以提高计划完成效率。

思考 4 班组针对计划完成情况的考核，需要注意哪些方面？

解 析 针对计划目标的考核需要可量化的指标来评价衡量。

在考核阶段，班组内争执不下的原因是计划完成考核中存在不可量化因素，班组成员对此产生了不同解读和异议，最终班长小崔通过组织班组讨论商议可衡量的评价指标推动计划的有效完成。因此在计划目标制定之初就需要明确指标，而这些指标需要通过可量化的手段反映和表征出来，这样才能实现对计划完成情况的有效评价。

要点点睛

（1）规程规范是制定工作计划的依据，但不能替代工作计划，实际工作顺利完成需要制定科学详细的工作计划来保障。

（2）制定工作计划之前要先明确计划工作目标，需要将计划目标清晰明确地告知班组成员，否则缺乏目标的计划是盲目的。

（3）制定计划目标需要可量化的指标来衡量评价，同时还要综合考虑计划执行的资源合理配置以及工作中的"重点、难点、关键点"。

知识链接

计划的关键是要分清轻重缓急，可采用四象限计划管理，如图所示。

　　紧急度的划分由"是否有时间上的制约"来决定，重要度的划分由"此种行为所带来的回报"来决定。最先处理的是第一象限的事情，需要马上行动；但最要关注的是第二象限的事情，需要通过规划计划来完成；第三象限的事情要分配出去；第四象限的事情可放弃不做。

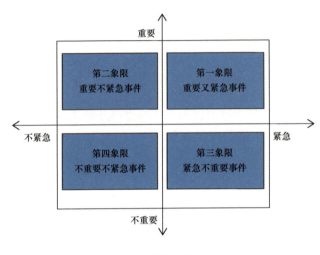

四象限计划管理

第三章
高效沟通

"林姐的笑"
——有效沟通 提升班组管理

 摘 要　　沟通是管理的浓缩。本文描述了班长林姐从 2017 年 7 月以来对班组管理工作的不断探索，通过林姐面对新岗位、新环境，采取平等沟通，拉近距离、换位思考，主动关心以及唠叨声里抓安全等方式来解决存在的问题，保证班组工作有序开展，最后实现班组管理提升的案例，为从事班组工作人员提供了理论借鉴。

关键词　　班组管理　有效沟通　管理提升　不断探索

 情景聚焦

　　A 市供电公司通信运检二班是一个趋于老龄化的班组，人员又少，运维检修工作范围较广，几乎包括整个市公司所有变电站以及市区内的大街小巷，以前的班长调往其他部门，作为新上任的班长，林姐需要快速地适应班组来带领大家开展安全生产工作。

一年前，林姐坐在办公室里，在新的岗位上、面对新的班组人员，对班组的管理工作一筹莫展。面对通信运检二班员工学习创新动力不足的现象，林姐总是笑着对班组员工们说："你们平时要多学习专业知识、做好工作，必要时可以利用你们的知识搞一些创新嘛。"虽然林姐的话，老员工根本听不进去，但新进的员工听还是听了进去并实践起来，在空闲时间认真学习与工作相关的专业知识。针对班组基础管理混乱的现象，林姐开展系列性整改。首先，治理混乱的班组仓库，要求把仓库里的物品进行分类存放，并将仓库里的物品清单列出来，保证每次取出或者存放物品都记录在案。其次，整改班组巡检台账，安排员工重新做台账，并制定巡检台账要求，做到各类台账记录完整、准确。

平等沟通，拉近距离

林姐虽然推行了一些整改措施，但是效果并不明显。新班组里老员工较多，管理起来难度还是挺大的，要想更快的熟悉班组业务，就必须依靠经验丰富的老员工帮助。林姐决定"曲线救国"，还是先与老员工建立信任。林姐每次遇到不能解决的问题时便走到员工们身边用一种很诚恳的语气进行询问，营造一种平等沟通的氛围，老员工当然能感受到林姐的这份诚恳，也很乐意配合林姐的工作。在平时空闲时间里，林姐还会跟员工们拉家常，了解每位员工的家庭状况，林姐很快就融入了这个新班组。

同时，在每次的班组会议上，林姐都会花专门的时间设置固定的环节，让大家表达工作中遇到的困难，鼓励班组员工们畅所欲言，将工作中的问题和困难都表达出来，大家齐心协力一起解决。对于不能解决的问题便记录下来，会后，林姐便会抽出时间向工区领导汇报班组这段时间工作所遇到不能解决的问

思考 1 作为班长，如何在新的岗位上协调班组工作？

题。就这样林姐通过有效的沟通，拉近员工之间彼此的距离，使得班组各项工作可以有序开展。

换位思考，主动关心

虽然林姐渐渐融入了新的班组，但是班组管理是项长期的工程，各类问题还是会不时发生。

一天，林姐叫班组里资深的卓工和小王一起去行政楼装电话，卓工的回应是："这种小事还要我去做，你叫小王去做不就行了，我不去！"林姐说了半天还是叫不动卓工，于是林姐只能亲自上阵，跟小王一起去干活了。回来后，林姐思索万千：今天我可以自己代替组员去解决一些具体问题，但是总有一天会面临任务太多，自己解决不过来的情况，所以一定还得建立自己的管理权威，才能更好地组织班组工作。那如何去建立管理权威呢？林姐觉得还是以身作则、身先士卒，同时多征求老员工的意见，先站到组员的角度去考虑问题，并尽量去多方面的给予员工关怀。例如卓工有一个爱好，便是每天坚持跑步。有一天，他不小心将脚崴了，要在家里休一段时间的病假。林姐见此状况，就利用周末的时间去看望他，并主动承担了卓工因病假而耽误的工作。让这位老师傅很感动，等他的脚恢复上班后，他除了尽最大努力去工作以外，他还尽最大努力来支持林姐的工作，使得班组变得更加团结，林姐就是采取这些措施来提升班组凝聚力。

采取这种方式班组里的氛围变得更加融洽，老员工也看得出林姐的辛苦，也不再像刚开始那样排斥各种"工作安排"，逐渐会主动配合林姐的工作。

思考 2 林姐是如何提升班组的凝聚力的？

叮嘱声里抓安全，保发展

不仅有春风化雨般的关怀，对于原则性的问题，林姐也总不失严厉。

"你们下现场一定要戴好安全帽啊。"这是组员每次下现场工作之前林姐都会重复的一句话。平时林姐总是和颜悦色，笑口常开，当林姐说这句话的时候，显得格外的严肃。刚刚开始班组里的老员工不以为然，因为通信专业的工作虽然在变电站里，但是危险系数相对小，为了省事很多员工就忽略了安全帽的作用，但是经过林姐一段时间的叮嘱，班组里面的老员工也渐渐改掉了数年的不良习惯。记得有几次，林姐跟着班组成员一起去变电站干活，林姐看到有人单人搬运梯子以及通过扔的方式传递作业工具，她立马叫班员手里工作停下并说道："你们变电安规是怎么学的？安规上有叫你们单人搬运梯子吗？有叫你们这样传递作业工具吗？"并给大家讲述了一些这样错误做法发生过的血的教训。当时大家虽然嘴里知道错了，但是心里却颇有微词，因为工作根本不会触碰到高压电。

回到班组开班组会议时，林姐还将这件事单独拿出来批评我们，坚决杜绝此类事情再发生，在林姐反复的叮嘱之后，大家的想法也渐渐发生了变化，遇到同样的事时都会想到林姐的忠告，不会再犯错，安全意识得到了很大提高。每次公司发放《安规》考试通知时，林姐便会反复对我们说："一定要好好看书，考试不要作弊，只有对安规烂熟于心才能保证工作安全。"一些老员工没办法，只能看书。不知什么时候，我们逐渐也习惯林姐喋喋不休地跟我们讲安全，林姐就是通过这些方式提高了员工的安全意识。

> **思考3** 林姐采取了什么措施进行安全生产监督？

问题解析

思考1 作为班长，如何在新的岗位上协调班组工作？

解析 放下"官架"，平等沟通。

林姐初到新的班组任班长，工作上的事情还是需要这些资深老员工的帮助和指导，如果在这些老员工面前摆"官架"，他们肯定不会接受这样的行为。林姐也明白这个道理，于是非常的敬重资深老员工，总是很诚恳地向老员工请教，让资深老员工们能感受出一种平等的沟通的氛围。老员工得到充分尊重，也就愿意热情地去为林姐排忧解难。为了更好地与每位员工进行沟通，林姐采取的措施是在每次会议期间都很亲和的询问大家在工作和生活中遇到的问题和困难，林姐将不能解决的问题和困难记录下来。为了解决这些困难，林姐会向工区领导请示，希望得到领导的帮助。

思考2 林姐是如何提升班组的凝聚力的？

解析 换位思考得班组和谐，关怀下属赢人心团结。

面对大部分都是资深老员工的班组，刚刚上任的林姐遇到了前所未有的困惑和难题，每次吩咐工作时，都不能完全叫得动这些资深老员工。在屡次碰壁后，林姐摸索出自己独特的管理方式，通过站在资深老员工的立场思考问题，将心比心，争取做出的决定能让所有人都欣然接受。班组员工都看到林姐对班组管理做出的贡献，也都开始全力配合林姐的工作，减轻林姐的负担。

林姐在平时总是笑脸迎人，对待下属总是关怀备至。班组里资深老员工由于不小心，跑步时崴了脚，导致不能来上班，于是班组里的一些活都压在林姐的身上，林姐在周末时还抽出时间去受伤员工家里慰问，并询问有什么需要帮忙，好好在家养伤，这让该员工心头很暖，等到脚恢复后，便在工作上积极配合林姐工作，班组里氛围变得异常融洽。

思考3 林姐采取了什么措施进行安全生产监督？

解析 对工作人员严格要求，确保心中有数，亲下现场监督工作，确保安全落到实处。

林姐对工作成员的安全方面的要求特别严格，例如，在每次公司的安全培训或者考试通知下发下来后，林姐总会一个一个员工进行通知，邮件发一遍亲自还要去说一遍，让大家重视起来。林姐经常在大家耳边唠叨："不要忘了看书，考试不要作弊，这样对你有好处……要想工作做得好，安规考试不能少。"对于给我们施工的厂家人员，林姐更加会重视安全问题，每次厂家人员的班组安规考试她都会亲自去培训和监考，保证施工人员能意识到安全的重要性，这样林姐在办公室安排工作便能做到心中有数。

在必要时，林姐也会跟随组员亲下现场监督工作，监督的目的不仅是为了保证工作的质量，也是为了监督安全意识状况。在现场中，当发现没有完全按照安全《安规》要求进行现场作业，安全意识淡薄等问题时，如变电站抬梯子与运送作业工具问题等，林姐会马上制止，在班组会议中还单独拎出来进行批评。在以后每次下变电站工作时，林姐总是会叮嘱几句安全知识，确保工作时候的安全落到实处。

要点点睛

（1）班组长与员工之间只有职位的不同，而没有人格的高低之分，只有放下"官架子"，尊重组员，平等沟通，方能真正走进班组员工的内心，才能被员工所接纳，才能更好地协调班组工作，让班组所有业务走上正轨。

（2）班长给班员布置工作时，换位思考，并主动对员工进行关怀，使得班长与班员之间沟通更加顺畅，促进班组的团结和谐，提升班组的凝聚力。

（3）反复叮嘱，在安全教育方面很是有效，能够起到安全监督的作用，让班组员工在工作中时刻记住安全，时刻做好安全措施。

 **知识链接**

正式沟通网络

正式沟通网络是一种根据人际沟通中的信息传递方向而形成的路线形态，在人际沟通过程中建立，其种类包括有链式、Y式、轮式、环式以及全通道型。在组织关系中，正式沟通是为企业组织所设计和规范的沟通，以正式的职位关系为基础，管理者和员工之间的沟通。正式沟通网络是指通过正式信息沟通渠道建立起来的联系，它在组织中最为常见，在信息沟通中发挥主渠道作用。

"法治"与"情治"
——用良好沟通创建有人情味的班组

 摘 要　　"法治"与"情治"并举,打造高绩效班组。本文描述了姚天担任新成立的线损班班长,发现班里人员散漫、毫无凝聚力,一开始用严苛的纪律实行"法治",结果适得其反,而后利用沟通的方式在"法治"的基础上增加"情治",来管理班组人员,创建了一个有人情味的班组,使得工作效率提升,班组管理取得满意的效果的案例。

关键词　　班组管理沟通"法治"与"情治"

 情景聚焦

　　A市供电公司线损班是因公司业务需要而新成立的班组,负责城区低压线损整治管理。班里的12名成员是从各个部门抽调过来的,老、中、青三代都有,班长姚天也是第一次当班长。上任之初,姚天信心满满,一定要在新岗位上做出一番成绩。然而三四个月过去了,他发现,事情并没有想象中的那么简单：大家都是一副很散漫的样子，安排的任务拖拖拉拉地完成，平时在一起也不怎么说话，毫无凝聚力，还只是和以前班组的同事说说笑笑。

"法治"与"情治"

姚天觉得这样一点都没有一个班该有的样子，想要改变这种情况。经过认真思考，姚天认为是自己的权威没有树立好，大家对他这个班长还不服气，于是他建立起严格的规章制度，一切按照章程办事，用条条框框把人"规矩"起来，按照韩非子的"法治"思想来管理班组。"小立法""小条例""十不准"等"律令"搞了一大堆，班前会、班后会要求最多的是纪律，讲得最多的是违章、考核。然而"有心栽花花不开"，几个月过去了，考核不减，违者有增，员工的积极性并没有随着条条框框的增多而提高，员工中一度出现"干活少、违章少、扣钱少""宁可少上班，也不能被班长考核"的怪现象，日常工作开展得异常艰难，季度绩效考核又是靠后。

姚天意识到再这样下去，别说干一番成绩了，这个班长恐怕都要被轰下台。痛定思痛，他打起精神来，向自己的老班长取经，与身边的优秀班组交流。经过学习，姚天发现，好的班组都是很有人情味的，就像一个大家庭，班内人员和谐相处，人人以班组为荣，团结一致干劲足。班组管理不能只靠"法治"，"情治"也很重要。好的班长和员工之间是相互尊重的，会经常和员工交流感情。于是姚天主动关心起员工工作之外的生活。

> **思考1** 如何运用"情治"的方式来提升班组管理的效果？

"化敌为友"

组员小李和小洪来自不同的班组，原来所在的两个班因为业务衔接的问题经常相互抱怨，处于"敌对"的状态，两个人也因为昔日的"恩怨"而心生嫌隙，导致两人在现在的班组中互不合作，严重影响班组工作效率。

姚天决定从他俩的关系改善来入手，鉴于小李刚到公司入职不久，需要向经验丰富的同事多学习、多请教，姚天首先找到他。姚天对他肯学的积极性、熟练的业务技能和可塑性方面进行了鼓励与表扬。但同时指出了他要站在班组的高度上看待问题，既然进入了新班组，就要以新班组的大局考虑，不能再带着旧的感情色彩来处事。只有搞好与现在同事之间的关系，加强合作，交流学习，才能把工作做得更好，个人成长也更快。小洪早几年入职，自尊心稍强一些，改善两人的关系需要小李主动点。小李听了姚天的一番话，面红耳赤，表示一定改正错误，不再感情用事，努力修正与小洪的关系，认真工作，不负公司和班组的期望。

> **思考 2** 在与小李的沟通中，姚天为什么要先赞扬小李？

姚天如法炮制，说动了小洪。终于，两个人"化敌为友"，握手言和。

效率与沟通

姚天发现，刘副班长似乎总是和大家"玩"不到一起。刘副班长的专业能力没话说，能够得到大家一致的肯定。但很少见到刘副班长和同事们进行面对面的沟通，都是以电子邮件交代部署工作。除非必要，同事们也都是以电子邮件回复工作进度，很少找他当面讨论。他除了告知下属做什么、怎么做、做到什么程度外，不多说一句。没有充分的沟通，得不到交流，下属既不清楚所做工作的目的，也不明白执行后带来的效果，只能一味地服从，甚至盲从，无法发挥主观能动性，只能墨守成规，甚至于敷衍了事。

一天，姚天和同事小高在楼梯间抽烟，以闲聊的方式问及大家对刘副班长的态度。小高反应，曾试着要和刘副班长当面探讨工作问题，但刘副

班长不是在最短的时间内结束谈话，就是眼睛还一直盯着计算机屏幕，让他不得不赶紧离开。小高说，几次以后，他宁

思考3 好的沟通方式对工作顺利的开展能起到哪些作用？

愿用电话或者电子邮件的方式沟通，也不想看他毫无表情的面孔。

　　了解这些情形后，姚天决定要找刘副班长聊聊。刘副班长表示，效率应该是最需要追求的目标，所以他希望用最节省时间的方式，达到工作要求。姚天告诉刘某，工作效率是重要，但良好的沟通绝对会让工作进行顺畅许多。最终姚天说服了刘副班长，刘副班长开始积极主动地与大家交流，线损班的氛围更加团结温馨、团结，刘副班长的工作效率果然提高了不少。

赵立的烦恼

　　赵立是一名老工人了，技能水平相当不错，但是最近考技师又没考上，这已经是第三次了，让他很有挫败感。他变得不爱说话了，同事和他打招呼也不理。安排工作给他，他说他做不了，让那些有水平的员工去做。这样消极的员工，对班组的士气有很大的影响。姚天知道情况后，找了个单独相处的机会和他聊聊。

　　姚天："赵立，你今天是不是有什么心事？"

　　赵立："哎！现在物价却越来越高！"

　　姚天："确实，我也有同感。"

　　赵立："还不是岗级低，挣钱少！"

　　姚天："哦！怪不得你今天不爱说话呢！"

　　赵立："不是吗？真正有技术的人级别却不高。"

　　姚天："是这样啊，你的操作水平不比别人差，这次你差点考上技师了。"

　　赵立："还不是理论考试没过！我就是不想去死记硬背这些东西。"

　　姚天："你是觉得理论知识没用吧，不过它可是用来指导实践的，那

些理论好，实践又好的当然要比你的技能高了。"

赵立："我只是觉得评级没意思。"

姚天："你不是嫌挣钱少吗？岗位级别高收入也会高，最重要的是能够体现你的价值。如果你总是发牢骚，怨天尤人，不去主动提高自己，你和别人的差距会越来越大，结果你是清楚的。你现在就理论知识薄弱一些，好好准备，下次一定会考过的。"

赵立听了姚天的话，当时虽然没有表态，但却若有所思。默默地反省了自己的行为：我的牢骚是太多了，下面还是得好好准备，下次争取考过！

姚天通过本次谈话，了解了赵立的真实想法，给他鼓励，打开了他的心结，赵立又恢复如初。第二年，赵立通过努力最终考过了技师。

> **思考 4** 班组长如何化解带情绪的沟通？

姚天经过不懈努力，将线损班的工作氛围处理得和谐融洽，更有人情味了。员工积极性被调动起来，季度绩效考核名列前茅。

问题解析

思考 1 如何运用"情治"的方式来提升班组管理的效果？

解 析 多交流思想，沟通感情，主动关心员工八小时之外的生活。

班组是一个十几人的小队伍，管理必须注重方法，凭着"敢于考核、敢于处罚"的"法治"是远远不够的，必须对员工辅之以情，把"情治"融入"法治"之中。

班长作为班组的领头人，需要不断地、适时地跟员工多交流思想，沟通感情，主动关心员工八小时之外的生活。婚丧嫁娶、生病住院、面临重大困难时可以上门走访；班组成员过生日可以小小庆祝一番或者调剂休息半天；在员工的子女入学、就业等方面，可以力所能及地给予帮助。有时员工的情绪不好、劳动热情不高，往往是与家庭琐事有关，不能不讲原因地横加指责，而是应该从体贴、关心生活入手。

将"法治"与"情治"结合起来，许多难题自然迎刃而解，班组管理会取得满意的效果。

思考2 在与小李的沟通中，姚天为什么要先赞扬小李？

解析 欲抑先扬，先用赞美获取对方的好感。

人的天性是渴望获得赞美和肯定的，这是人们的精神和心理的需要，人人都希望自己受到同事、上级、家人的认可和称赞。

姚天在交谈中很好地运用了赞美对方的技巧，很快获得小李的好感。然后再间接地、委婉地说出小李的错误，要比直接说出来显得温和，且不会引起小李的反感。通过赞美，缩短了双方的心理距离，为进一步的交流奠定了良好的基础。赞美，是对他人成绩的认可，是一种高度肯定的评价。在赞美中对方获得继续奋进的动力，也会给赞美者以优厚的回报。

思考3 好的沟通方式对工作顺利地开展能起到哪些作用？

解析 好的沟通有利于创建有人情味的班组，使得工作效率提高，班组管理水平提升。

（1）好的沟通能使"决策"更加准确、合理、正确、科学。

（2）好的沟通能使班组协调有效、目的明确地开展工作。

（3）好的沟通有利于发现自身的"弱点"，且使人进步。

（4）好的沟通使人换位思考、反向思维、化解矛盾，增强班组的凝聚力。

（5）好的沟通有利于形成良好的氛围，并让班组具有核心竞争力。

思考4 班组长如何化解带情绪的沟通？

解析 把握时机，耐心倾听，不搪塞、不敷衍。

员工在工作中产生情绪，或者将生活中的情绪带到工作中来，是很正常的事情。但是有情绪势必会影响工作，如何化解，就需要技巧了。

首先，员工虽然有情绪，但多数是不承认的，在公众场合谈论他的问题，其实是给他难堪，等于当众指责他。因此，要私下进行，员工才愿意倾诉。

其次，当员工向你抱怨诉说时，最希望得到你的同理心，思想上产生共鸣。得到情感的归属，然后再寻找解决之道。这里，赵某抱怨物价越来越高，姚天表示有同感，实际上拉进了两人的心理距离。

最后，给予实际的解决或者切实的安慰。对于员工的问题，能解决的应迅速地给出解决问题的方法和渠道，不可找借口搪塞或者敷衍。不能解决的，应当给以切实的安慰，多加鼓励，让员工充满希望。

要点点睛

（1）团队里，不能只是严肃的纪律，还要有家庭的温暖。从体贴、关心员工的生活入手，来调动员工工作积极性，能达到事半功倍的效果。

（2）人人都需要赞美和肯定。通过赞美，缩短双方的心理距离，为进一步的交流奠定了良好的基础。

（3）好的沟通既能保证信息被正确的接受，又能收集到第一手反馈意见，经过及时、准确的分析，让管理者了解到工作状态，以进行下一步决策。

（4）要注重观察组员情绪，及时帮助组员消除带进工作中的不良情绪，与员工取得思想上的共鸣，给予实际的解决或者切实的安慰。

知识链接

高效沟通十三招

（1）赞美要具体，好话要到位。

（2）将被赞美者与优秀者相提并论。

（3）见到、听到别人得意的事要赞美。

（4）主动和别人打招呼。

（5）关注身边的人，及时指出别人身上的变化。

（6）适当的谦虚自嘲往往能获得他人的好感。

（7）逐渐增强评价。

（8）在公众场合提意见，似否定实肯定。

（9）信任刺激。

（10）美言和真诚是赞美效果最有力的保证。

（11）适当引用第三方的话来赞美显得真实可靠。

（12）记住他人的特别之处，比如对方的生日、对方的辉煌时刻、对方的经典语录等。

（13）投其所好，寻找对方的兴趣点。

绩效考核的助推器
——有效沟通在供电所绩效考核中的运用

 摘　要　沟通是班组管理中的润滑剂，有效沟通能大力促进绩效考核改革顺利推进。本文描述了巩所长在制定和实施供电所二次绩效考核方案的过程中，面对因沟通不畅导致绩效考核受阻、员工牢骚满腹，通过运用去情绪化、倾听反馈、平等尊重、换位思考、重帮轻责等沟通技巧，实现有效沟通，逐步化解矛盾，实施绩效考核，促进了供电所指标的提升。

 关键词　绩效考核　倾听反馈　换位思考　重帮轻责

情景聚焦

　　XX供电所担负着两个乡镇的供电任务，服务电力客户37113户，辖区内有10kV线路8条、公共变压器台区382座。内设综合业务班、客户服务班两个班组，共有员工39人，大专及以上学历16人，员工平均年龄

45.5 岁。整体业绩指标位于全县中等水平，采集成功率、台区线损合格率等指标排名中等靠后。

巩所长是 X 市供电公司 XX 供电所的新任所长，上任 1 个多月以来，他对供电所的人员结构、电网状况、指标完成情况等有了一个初步的了解。县公司年初下达指标任务，每月根据供电所指标的完成情况，分绩效奖励和专项奖励兑现月度薪酬。供电所则根据每位员工的岗位系数分配月度薪酬。没有考核，干好干坏差别不大，平时消极怠工的员工一如既往的敷衍了事，平时认真工作的员工逐渐磨掉了积极性，供电所指标始终没有提升。俗话说："新官上任三把火"，巩所长已经暗自琢磨好第一把火该如何烧了。

缺乏沟通，事与愿违

巩所长决定在供电所实施二次绩效考核，希望通过对员工进行考核来实现加强班组管理、提升业绩指标的目的。他认真研究了县公司的绩效考核制度，拟定了供电所二次绩效考核方案：员工根据月度考核得分参与绩效奖励分配、根据岗位系数参与专项奖励分配。将综合业务班、客户服务班的日常工作进行量化，制定了具体的工作质量评价标准，做到有据可依。所长根据供电所整体指标任务完成情况考核班组长，班组长进一步考核班组成员，便于实现考核指标的层层落实。

第二天，巩所长信心满满的召开了全所会议，宣布了自己制定的供电所二次绩效考核方案。会议很顺利，没有人提出异议，绩效考核当月实施。

两个月后的某一天，客户经理老李气冲冲地走进了所长室。

老李："巩所长，我平时干的事不比小傅少，为什么这个月的工资比他少这么多呢？"

巩所长翻看了一下当月的考核表，说："老李，根据客户经理工作质量评价标准，你上个月线损不合格台区数比他多 2 个，这个指标上扣了分。"

老李："他才管理 18 座台区，我管理 25 座台区呢！而且每个台区改造情况不一样，不能一概而论啊！真是干得越多、错得越多！"

巩所长一时语塞，过了一会说："老李，感谢你提的建议！我们会参考你的意见对考核方案进行修订。"

老李的一席话让巩所长如坐针毡，二次绩效考核不但没有起到奖勤罚懒的作用，反而挫伤了部分员工的工作积极性。他突然意识到供电所二次绩效考核方案的制定、实施太仓促，加之自己对考核内容的考虑不全面，方案本身有太多不合理的地方，需要尽快修订。

> **思考 1** 巩所长在实施考核初期与员工的沟通存在什么问题？

有效沟通，抓过程重落实

事后，巩所长决定重新完善供电所二次绩效考核方案。

他首先组织了班组长对二次绩效考核方案进行了讨论，大家普遍反映方案虽然建立了逐级考核制度和详细的工作质量评价标准，但没考虑到员工工作岗位、工作任务量以及工作态度、工作能力的差异。大家集思广益，初步形成以岗位系数、工作任务量、工作质量三方面相结合的新考核模式，同时将工作质量细化为综合和专业两部分。

随后，巩所长又组织全所员工召开专题会议，共同商讨考核方案。他首先向大家详细介绍了绩效考核的目的："绩效考核是衡量我们每个人工作成效的一把标尺，既体现按劳分配，又坚持公平公正，希望在座的每个人都能在工作中争先进位。俗话说，众人拾柴火焰高，个人工作的提升最终会带动供电所整体指标的提升，形成良性循环。" 巩所长然后讲解了方案的具体实施细则、考核的重点，并解答了部分员工提出的疑问，彻底打消了大家的疑虑。让大家明白，在以后的工作中干多干少不一样，干好干坏也不一样。

最后，巩所长提出了要求，班组长对于班组成员的考核要以用电信息采集系统、SG186 系统等信息系统的数据为依托，务必保证数据的准确性，并将此项工作纳入所长对班组长的考核之中。每月的考核明细要张榜公布，接受所有人监督。大家纷纷表示赞同，并在会议记录上签字确认。巩所长随即宣布新的考核办法自下月起试行。

此后每个月的例会上，巩所长均对供电所的整体指标和员工个人指标成效进行点评。

持续沟通，补短板促提升

经过两个月的试行，供电所逐步形成了干事多的人拿钱多，不干事、少干事的人拿钱少的局面，大部分员工的工作积极性越来越高。以前开展工作靠人监督，现在开展工作靠指标引导，实现了由被动工作到主动工作的转变，供电所的整体指标较之前也有所提升。巩所长看在眼里，喜在心里，绩效考核终于开始发挥作用了！

但是，没过多长时间，问题又来了。

巩所长最近感觉到客户服务班的小胡情绪有些低落，话也少了，这与他平时快人快语、开朗外向的性格截然不同。巩所长翻看了他这两个月的绩效，找到了症结所在。这天，巩所长让小胡一个人来到办公室。

巩所长："小胡！我看你最近的指标好像有所下滑，有没有分析原因？"

小胡："巩所长，我也不知道是什么原因！我这两个月一直勤勤恳恳，催收电费、台区线损管控等工作一直遥遥领先，电费回收工作我基本上月月都是第一个完成，可我的工资却不如别人高，他们的工作能力根本没我强啊！"

巩所长笑道："小胡，我们这两个月的重点工作是微信公众号推广，你看一下你的考核得分，跟其他人的差距就在这上面。虽然你的电费回收工作每月都率先完成，但供电所不考核电费回收速度啊！考核制度既然制定了，我们就要按照制度执行，以后你要根据供电所的绩效考核方案合理安排自己的工作，如果工作中技术方面存在问题，供电所可以组织人员对你进行帮扶指导！"

在随后的两个月里，小胡严格按照绩效考核评价标准的要求，把工作的重心放到微信公众号推广上，其他工作也有条不紊地进行着。月底，小胡的考核得分位于前列，供电所的整体指标也进一步提升。

> **思考2** 巩所长是如何让小胡欣然接受批评的？

巩所长继续组织班组长完善绩效考核方案，每月更新员工的工作量，动态调整考核指标，使绩效考核真正发挥指导供电所开展工作的作用。不久后供电所逐步形成由绩效考核、专项奖励、阶段性重点工作三部分构成的绩效考核体系，通过严格实施绩效考核制度，该供电所的台区线损合格率由原先的 86.76% 提高到 94.14%，采集成功率由原先的 99.50% 提高到 99.98%，费控推广、线上缴费推广、微信公众号推广等阶段性工作的完成情况也一直处于县公司前列，同时供电所内"比学赶帮超"的工作氛围持续提升，团队凝聚力不断增强。

> **思考3** 为促进绩效考核的实施，巩所长做了哪些沟通工作？

问题解析

思考1 巩所长在实施考核初期与员工的沟通存在什么问题？

解析 信息不对称、缺乏反馈，沟通过程存在障碍。

1. 信息不对称，沟通效率低

巩所长在实施二次绩效考核方案的过程中，从方案的构思、编制、实施均由其个人完成，其掌握方案的信息与员工掌握的信息不对称。沟通信息的不对称将会导致信息传递过程中失真，就会出现信息传递量过大或过小，影响沟通效率。

2. 缺少反馈，沟通过程不完整

沟通从其概念上来讲，是为了一个设定的目标，把信息、思想和情感向特定个人或群体传递，并且达成共识的过程。任何决策都需要一个有效的沟通过程才能实施，沟通的过程就是对决策的理解传达的过程。决策表达得准确、清晰、简洁是进行有效沟通的前提，而对决策的正确理解是实施有效沟通的目的。在本案例中，巩所长个人制定二次绩效考核方案并在会议上宣布实施，虽实现了信息向群体传递，但员工没有对信息做出正确的理解和反馈。

思考2 巩所长是如何让小胡欣然接受批评的?

解 析 以身作则、平等尊重、重帮轻责，减轻指标压力，提升争先动力。

1. 以身作则，关心关注，主动沟通

以身作则，履行好岗位职责，让员工服气。巩所长以关心小胡的态度，主动分析导致指标靠后可能存在的问题，并加以确认，无形之中就能够让小胡对巩所长产生好感，增大了沟通的成功率。这就是我们经常所说的"爱出者爱返，福往者福来"，若期望得到别人的理解，先要付出自己的理解。

2. 平等尊重，换位思考，让沟通更顺畅

世界著名教育家杜威强调：人性心灵深处最深切的渴望是被尊重。在人际沟通和交往中，一个人如果习惯于不被尊重或尊严被侵害，他的人格就会瓦解。心理学家马斯洛的需求层次理论，强调尊重是人性的核心需求。

尊重的需要是生理需要、安全需要和归属与爱的需要得到满足之后的一种需要。在人际沟通和交往中，尊重的需要得到满足，一个人就会自尊、自信、自励，在沟通和交往中就会呈现正能量。反之则会在沟通中表现出沮丧、自卑或者是对抗、厌恶与仇视，因而导致无法有效沟通。

3. 重帮轻责，提升争先进位的动力

重帮轻责在于以事实为依据，以问题为导向，着眼于改进。本案例中，巩所长针对小胡指标下滑的问题，虽然给予其批评，但重点是帮助小胡分析出工作中的短板，并明确了下一阶段努力的方向，同时承诺给予技术层面的全力支持，提高了小胡赶超先进的信心和动力。

思考3 为促进绩效考核的实施，巩所长做了哪些沟通工作？

解析 有效沟通，全所上下达成共识。

1. 去情绪化，倾听反馈，洞悉矛盾的本质

在管理工作当中难免会出现意见不同、甚至下属顶撞的情况，这种情况下管理者要克制好情绪，最好不要以自己的权力去逼迫员工。需要倾听员工的心声，做好主动沟通和解工作，以免员工的思想包袱越来越重、积怨越来越多。巩所长没有被老李的情绪感染，认真倾听，给予他充分的肯定。针对考核制度内容的缺失这一矛盾症结，迅速组织人员修订，避免了矛盾的升级扩散。

2. 畅通信道，考核方案准确传达

巩所长此次制定实施二次绩效考核方案一是通过会议方式，面对面与员工沟通，增加了信息传递的可能性和准确性；二是全员参与方案的制定，既能确保信息传递的准确性，同时群体智慧的结晶提高了方案的可执行性。

3. 因人而异，树立标杆与帮扶后进相结合

在公开场合以表扬鼓励为主，正面调动员工的积极性，号召大家以身

边的优秀员工为标杆，形成你追我赶的工作局面。在私下以批评帮扶为主，既要实事求是正视问题，更要帮助员工分析问题、解决问题。

4. 因势利导，培养合作共赢的理念

员工与供电所是命运共同体，员工的业绩即代表供电所的业绩。电网企业的性质决定了各自为战的工作模式注定被淘汰，只有凝心聚力，合作共享，才能避免"木桶效应"，实现最终目标。

 **要点点睛**

（1）实施绩效考核的核心问题是公平公正。所长与员工之间进行细致的沟通，倾听和反馈，换位思考，形成有效沟通，保证实施绩效考核制度的客观性。

（2）在实施绩效考核方案过程中，沟通的目的是化解矛盾、达成共识，要坚持问题导向原则。

（3）有效沟通作为管理的方式之一，实施中要因人而异，对症下药，才能取得事半功倍的效果。

知识链接

有效沟通

有效沟通就是将自己的观点用对方可以接受的方式表达出来，在对方回应之后，能够提供出对方反馈的事实和背后的情感，并给予积极的反馈。达成有效沟通须具备两个必要条件：信息发送者清晰地表达信息的内涵，以便信息接收者能确切理解；信息发送者重视信息接收者的反应并根据其反应及时修正信息的传递。

有效沟通对供电所实施绩效考核起到推动和完善作用，便于员工准确理解供电所的决策，提高工作效率，化解管理矛盾；是从表象问题过渡到矛盾本质的手段，让管理者能统筹兼顾、未雨绸缪；激励职工，帮扶后进，形成健康、积极的企业文化，实现供电所与员工的双赢。

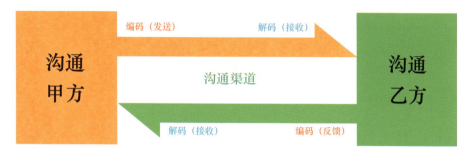

有效沟通

班组积分制"一波三折"终定章
——高效沟通是良药

 摘　要

高效沟通不"苦"，却是一剂提升班组管理效率的良药。本案例描述了调控班于班长在制定班组积分制度过程中，积极聆听班组成员的意见与建议，通过换位思考，开诚布公地与新老员工全方位沟通，最终制定了合理激励制度，从而提高了员工工作积极性的事件，为班组开展绩效沟通工作提供了借鉴。

 关键词

高效沟通　合理激励　班组积分制

情景聚焦

　　B 市供电公司调控班担负着当地电网安全调控、经济运营和可靠供电的重任，调控班现有员工 13 人，新进公司 4 年内的青年员工 7 人，已成为班组的主力军。目前班组的绩效考核仍偏向工作计划的完成，缺乏了对工作质与量的考核，青年员工已多次私底下向于班长抱怨"干得多反而被考核得多""不想再吃大锅饭""能否打破平均主义",但暂时都被于班长动之以情、晓之以理的安抚下来。

某日早上,调控班于班长像往常一样来到办公室,打开邮箱,又是满满当当的一页未读邮件,工作似雪花一般飘下来。埋首桌前,逐一点开,奋笔疾书……

"嗯?发建部要 2018 年上半年线路及变电站最大负荷统计表!这可是个耗时间的活,要不,喊他们看看?"

"小吴呀,有个工作要安排给你呀,你今天不值班吧,过来办公室一下。什么?你没时间?要去忙结婚的事情啊,好吧,我找找其他人。"

"小张呀,上面布置了个任务,查数据的,你来办公室搞一下。什么?你也不想来?昨天你白天上班了,今天怎么还累?"

"小高呀,领导安排了个任务,查线路负荷的,你这两天都不值班吧,过来搞一下!""班长!我不做!怎么老安排工作给我们呀,我们休息日也是要休息的呀!你可以安排给老师傅们咯,脏活累活都是我们做,也没见你月度考核时给我们多打 A 呀……"

沟通谈心,令人深思

于班长打完了几个电话,有些头疼。头疼的不是没人来帮忙完成这项工作,而是年轻的班员们的话语。他们已经是班组工作的骨干核心了,倘若他们都是这样的懒怠怠懒,那么老师傅们作为"榜样"估计也好不到哪里去。这下子,班组管理真的难了。该怎么将班组人员的积极性调动起来,于班长想通过沟通谈心来找到答案。

次日,于班长召集了班组年轻的班员们,进行了一次私下的沟通面谈。

"大家放松下,今天我把你们青年员工召集起来,就是想让你们表达下心里的想法,关于班组的工作安排和绩效考核,对此有什么建议,有什么想法都可以各抒己见。这也是为了方便我们更好的建设班组,尽管说心里话，只是谈心，想什么说什么，内容绝对保密。"

小吴："班长，真的说啊？那我可说了，咱们班组是 24 小时值班制，工作性质本来就特殊，大家都不想浪费自己宝贵的休息时间来加班。"

小高："是呀！而且很多简单事情，老师傅们明明可以干，但都还指使我们去干活，我们工作繁重，而且又没有好处。不是不想干，我们来了两三年，现状一直没什么改变，实在是有一点寒心。"

小张："就是，平时上班我们的工作特别多，除了正常值班工作，还有领导另外安排的各种杂事，而老师傅们只需要在旁边指导，有些老师傅连记录都懒得亲自动手，不管复杂简单都依靠我们，月度考核打分照顾他们比我们还要多，我们实在提不起太大的干劲。班长你该给我们也谋点福利，我们才能有点动力啊。"

……

大家的话一茬接着一茬，把久未倾诉的心里话一股脑地说了出来。于班长陷入了沉思，他们说的都没错，可是班组管理本身就很难，他们反映的这些疑惑、难处，尤其绩效考核问题已经成为很多班组的管理顽疾，不是那么好解决的。久而久之，大家都对工作质量漠不关心，能糊弄就糊弄，干劲全无。

通过与青年员工召开的集中交流座谈，于班长决心要对班组的这种"平均主义"进行改善，准备通过完善班组工作积分制来进行绩效管理，以此激励员工的积极性。

> **思考 1** 沟通在绩效考核中的作用有哪些？

片面沟通，引入歧路

一周后，于班长开了个班组安全会，洋洋洒洒几千字，把班组积分制的绩效管理制度大说特说，对于班组工作的分类，各项工作的考核加分，林林总总几十项，列得一清二楚，从头到尾滔滔不绝，讲个没完。年轻的班员们听的是头头是道，兴趣盎然；老师傅们不置可否，毫无兴趣。此情此景于班长早已料到，毕竟是新的考核制度，总要先实施试试看，才能找到更好、更合理的方式。

新的班组积分制就这样试实施了，初期，出现了两种完全不同的现象。年轻的班员们会仔细地研究制度规范，算着自己的分数，并积极地参与到工作任务当中，赚取分数，积极性大幅提升；而老师傅们工作态度一如既往，工作纪律依然我行我素、值班任务的完成也还是磨洋工。待到月度考核的时候，于班长才发现了问题犯了难。年轻的班员们工作量大，赚取的分数多，老师傅们不乐意了，他们以那些工作不适合自己为由向班长发难，要求补偿自己的分数。年轻的班员也出现了问题！大家都瞄准着工作简单强度小的任务去，强度大、难度高的工作无人问津。与此同时，作为班组积分制的管理人，于班长忙于自身的工作，无法兼顾考核的力度和强度，班组员工出现了钻空子的现象，导致积分的上报和记录环节模糊不清。最终的月度考核，一番吵吵闹闹下来，大家发现还是和以前一样，大家的积分拉不开，绩效考核没有明显的区分，班员对新制度就会越来越漠视，工作热情更是要恢复往常，这下可坏了，班组积分制的发展貌似走上了一条歪路。

> **思考 2** 在班组积分制实施初期，沟通出现了哪些问题？

换位思考，全面沟通

新的班组积分制的实施，遇到了一系列的问题和阻碍，于班长并没有懈怠，他坚信办法永远比问题多。要解决问题，首先要弄清楚是哪里出现了问题。经过一番深思熟虑，于班长发现此次积分制管理制度稍微偏向青年员工，换位思考，老师傅们肯定不乐意，因为制定前只听取了青年员工的意见，沟通片面，不具有代表性，于班长坚信没有不能沟通的事情，于是再次召集了全体班组员工座谈。会议上，于班长首先肯定了大家的工作成果，其次承认之前的积分制稍有瑕疵，然后专门倾听了老师傅对班组积分制有哪些想法？

"我们工作年龄大了，那些工作量大的、用到电脑办公软件的工作不是不能做，是我们真的不太熟练。你要让我们干也可以，就是效率低，到时候反而影响了工作进度！"

"是呀，而且我们是值长，承担着最重的安全风险，责任最大，不能光看工作量大小来打分吧。"

"我们作为每一值的决策人，工作难度也是很高的，而且还负责年轻人的培训，班长你打分的项目不够全面，对我们不公平！"

了解了老师傅们的意见和想法，于班长换位思考，表示同意，接着又听取了年轻班员们对班组积分制的反馈和意见。

"班长，这个考核都是你一个人在搞，难免有管控不到位的时候，所以我建议还是要增加几个负责人，但是具体怎么分配还要大家好好考虑，才能保证公正性。"

"同意！在我看来，大家现在都有点捡易怕难的想法，有些难度大的工作容易扣分，完成起来比较困难，所以大家都挑选简单的工作做，这样下去工作还是很难开展，这个趋势必须要处理。"

"是的，还有种情况我想汇报！班长，这个月我帮班组处理那个年度负荷与下一年度负荷预计，花了很大的功夫，虽然最终结果有点出入，可是我觉得不能完全一点分数都没有，毕竟我也是认认真真的花了功夫的呀！"

......

大家七嘴八舌，却真真切切地说出了问题，于班长迅速反应了过来，决定与大家协商制定班组积分制改进计划，以解决班员们遇到的问题，确保考核的公平、公正以及适用性。

为了将老师傅们与年轻班员的积极性都调动起来，于班长首先做的就是在班组积分制中运用了积分系数修正，依据师傅们和年轻班员的工作性质、难易程度和量的因素，对各自的优势工作项目进行增益积分修正，以达到所有员工的积分公正性。其次，为了保证考核的公正性，避免考核结果出现误差，于班长做出措施强化考核的管控过程，即将各积分大项的考核交予特定的负责人，同时负责人的考核通过负责人之间相互考核及班组长考核相结合，以强化全员的积分考核管控。最后，为了解决班员们"多做多错，少做少错"这样一种怪现象和坏观念，于班长调整了相关困难工作的积分评定，使其正负激励保持一种驱动的关系，即员工既有完成困难工作的热情和积极性，也不会有太大的工作压力和负担。与此同时，于班长根据部分员工的反馈，对部分工作的评定加入了过程分，即过程分和结果分相结合，充分而全面的评估员工在工作中的付出和努力。于班长做出以上修改后，再将班组积分制的实施细节与班员们充分讨论，完善和改良考核标准，改良的班组积分制度经过全员同意后再次成型，于班长再次宣布了制度的试行。

新一月的考核结果出来了，大家的积分差距被拉开，排名前列的员工皆是当月做出较大贡献、勤勤恳恳的员工，于班长也按规定给予了薪酬和其他方面的一些奖励。

> **思考 3** 在班组积分制实施中，应注意哪些沟通技巧？

热心谈话，聆听反馈

与此同时，于班长深知光是给予正向激励并不够，还需对排名较后的员工给予鼓励和帮助，才能实现积分考核制度的良性循环。于班长对排名较后的员工一一热心谈话，聆听他们对工作上的想法及对积分制的反馈，分析工作上的难点，帮助其发现自己的优势项，找回工作信心和热情。通过对班组成员的工作数据收集整理，确保班组考核有理有据、客观公平，每月的月度考核结果通过班组月度例会向全体员工反馈通报，公开的意见征集、疑问解答让绩效考核结果获得了一致认可。班组成员从上到下形成了相互帮助、共同进步的积极氛围，带动了班组人员工作积极性，各值人员绩效管理的激励作用日益显著。

📝 问题解析

思考 1 沟通在绩效考核中的作用有哪些？

解 析 沟通是绩效管理的"灵魂"。

绩效考核中，许多管理者不懂得沟通的重要性，认为绩效考核工作就是管理者行使职权的过程，员工只有接受其结果，只要听命就行；而员工通常也不理解绩效考核的真正目的，认为是对自己工作的约束，甚至充满敌意。沟通带来理解，理解带来合作。而片面沟通，就无法理解对方的意图，不理解对方的意图，就不可能进行有效的合作。这对于班组的管理者来说，尤其重要。一个良好沟通的班组，既可以使班组长工作轻松，也可以使普通员工大幅度提高工作绩效，同时还可以增强班组的凝聚力和竞争力。

案例中，于班长首先意识到在实施绩效考核中沟通的重要性，通过与员工交流来了解他们对现有绩效考核的想法，了解他们的实际需求，然后针对性的制定考核方案，从而提高员工工作积极性。

思考 2 在班组积分制实施初期，沟通出现了哪些问题？

解 析 片面沟通只能走向失败。

管理者与员工进行沟通时，特别是面谈沟通时，如若未做充分准备，考虑不够全面，没有较好运用沟通技巧，将达不到面谈的目的。

案例中，于班长最先实行的班组积分制，只针对青年员工进行了沟通面谈，而忽略了老同志，同时沟通的内容只听取了青年员工想要的结果，即打破"平均主义"，但忽略了班组员工分工上的不同，未考虑其职位特定，制度内容有失公平；与此同时对于考核的管控不够严谨，考核结果自然不能得到员工的信任和支持。

思考3 在班组积分制实施中，应注意哪些沟通技巧？

解 析 高效沟通，正负激励。

对管理者而言，建立良好的管理沟通意识，逐渐养成在任何沟通场合下都能够有意识地运用管理沟通的技巧进行高效沟通的习惯，达到事半功倍的效果，显然是十分重要的。

1. 积极倾听，肯定赞美

再次沟通时，积极倾听，专注于倾听班组成员的话语不仅可以营造良好的对话氛围，而且能够捕捉信息要点；座谈会上，首先肯定大家的工作成果，良好的沟通基于肯定和赞美，因为赞美是最直接的肯定，肯定是最直接的认同。

2. 有效表达，高效沟通

沟通的基础就在于交流双方要你来我往，而不是单向输出；有效表达，既要充分利用时间准确清晰地表达自己的意思，还要实事求是地交流；采取双向沟通、有效表达的方式，知其所需，及时修正管理中的失误，使每个班员都能在班组舞台上找到最适合的角色定位，给予他们施展自我才能的均等平台。

3. 正负激励，扬长避短

通过沟通，使班组员工认识到班组积分制有利于员工长远发展，绩效考核并不是班长对班员滥用手中职权的"杀手锏"，也不是为了制造员工之间的差距，更不是把员工分为三六九等的标尺，而是合理激励，是实事求是地挖掘班组成员的长处、发现其短处，以扬长避短，有所改进有所提高。

案例中，于班长积极赞美，换位思考，通过全面的沟通，获悉了各年龄层、各岗位员工的想法，针对不同职责、不同岗位的任务，扬长避短，制定了一套合理的考核方案，突出各员工的优势项，保证考核公平性，化解了新老员工之间的矛盾，使其各司其职，在工作中更主动、更热情，同时也让班组的工作氛围更加融洽。

 **要点点睛**

（1）班组工作出现"不积极、磨洋工"问题时，于班长首先想到了沟通的重要性，通过沟通去寻找问题所在，认为完成共同目标的前提就是有效沟通。

（2）于班长分析沟通过程中出现的问题，刚开始时太过片面，不具代表性，未能换位思考，导致工作积分制实施第一次失败。

（3）合理的运用沟通技巧达到高效沟通，能够减少误解、营造和谐氛围，办事更加井井有条，提升工作效率。

（4）全面沟通再试行，绩效考核是激励。班组长作为班组的直接管理者，应高度重视沟通，将沟通作为提高管理效率的有效途径。

知识链接

沟通的"七C原则"

美国著名的公共关系专家特立普、森特在他们合著的被誉为"公关圣经"的著作《有效的公共关系》中提出了有效沟通的"七C原则"，如图所示。

（1）Credibility：可信赖性，即建立对传播者的信赖。

（2）Context：一致性（又译为情境架构），指传播须与环境（物质的、

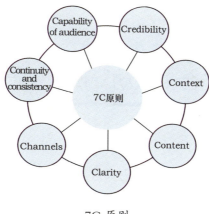

7C 原则

社会的、心理的、时间的环境等等)相协调。

（3）Content：内容的可接受性，指传播内容须与受众有关，必须能引起他们的兴趣，满足他们的需要。

（4）Clarity：表达的明确性，指信息的组织形式应该简洁明了，易于公众接受。

（5）Channels：渠道的多样性，指应该有针对性地运用传播媒介以达到向目标公众传播信息的作用。

（6）Continuity and consistency：持续性与连贯性，表示沟通是一个没有终点的过程，要达到渗透的目的，必须对信息进行重复，但又须在重复中不断补充新的内容，这一过程应该持续地坚持下去。

（7）Capability of audience：受众能力的差异性，这是说沟通必须考虑沟通对象能力的差异(包括注意能力、理解能力、接受能力和行为能力)，采取不同方法实施传播才能使传播易为受众理解和接受。

上述"七 C 原则"基本涵盖了沟通的主要环节，涉及传播学中控制分析、内容分析、媒介分析、受众分析、效果分析、反馈分析等主要内容，极具价值。这些有效沟通的基本原则，对人际沟通来说同样具有不可忽视的指导意义。

张大师的"四驱"战车
——内外结合"驱动"班组生产建设

 摘　要

在国网公司三集五大背景下，检修公司成立时间短，生产任务呈现点多面广的特点，一线员工长期出差重复枯燥无味的生产工作，对工作产生消极懈怠的思想的现象日益突出。本案例介绍了在这种特殊的工作模式下，基层班组张班长是如何通过对一线生产班组组织构建的不断探索和总结，利用自己的"四驱"战车解决一线员工的生产积极性，解决班员因长期出差造成的思想上、生活上不满的情绪，有效调动班员工作的积极性，打造一支凝聚力强，核心竞争力突出队伍的事件。

 关键词

兴趣爱好　目标激励　绩效激励　团队建设

情景聚焦

　　C省电力公司检修公司变电检修中心电气试验班，负责全省500kV以上共计28座500kV变电站、两座1000kV特高压变电站电气油化试验工作，班内实际在岗人数17人，其中9名女性，高级技师4人，省公司级优秀专家人才 3 人，省公司技能大师 1 人。2017 年 9 月，张班长刚开完新建变电站验收启动会，看了看邮箱下月的工作计划，秋检要开始了，两座特高压也要开始年检了，随着 500kV 变电站一年一年的增多，班组的生产承载力逐渐进入满负荷运行，班内十几个人每月平均出差天数达到 20 天，诸多班员都满腹怨言，甚至消极应对。作业一名老班长，面对接下来的生产任务，张班长也是忧心忡忡，因为他深知班组成员工作积极性不高，被动的工作，检修质量就不高，现场安全隐患就会增大。所以他必须充分调动每一位班员的积极性。如何调动班员的工作积极性，是他当前工作的重中之重。

经过多番思考，张班长决定制定"四驱"战车计划。

第一"驱"：兴趣驱动（内驱）

张班长工作一向踏实认真，吃苦耐劳，俗话说不患寡而患不均，面对即将到来的秋检，张班长根据工作计划和作业工作量平均安排到每个人身上，而自己则是首当其冲，带头奋战最艰苦的现场。大伙都被张班长饱满的状态所感染，纷纷表示保质保量地做好秋检现场工作，张班长自己也是信心满满。一个月过去了，虽然办公室经常是空无一人，但是班组各项工作都是高质量完成，公司领导对班组也是高度赞扬和认可。但到了第二个月，开始有人请假，长时间的出差让班员身心俱疲，班组的承载力遭到了强烈的冲击。动员？严格要求？张班长左思右想，一味地强行灌输理念和画饼激励不能根本解决大家思想上的懈怠疲惫，只是通过严格的管理手段硬性要求，大家反而会出现抵触情绪。就在百思不得其解的时候电话响了。"喂，嘎子，最近忙吗，周末三缺一，来不来呀！""没有时间啊老铁，周末还要出差，累死了。"挂完电话张班长心里还真有点痒痒，真的是好久没有和朋友出来玩了，和朋友在一块从来都不觉得累的。这个念头点醒了张班长，除了在变电站工作外，大量的时间大家都是和同行人在一起，但是大家都彼此孤立着，长期出差就会非常枯燥无味，如果和有着共同兴趣爱好的人一同出差，出差就不会显得枯燥。于是张班长行动起来，他知道班内有两个女生喜欢练瑜伽，有三个男生喜欢打羽毛球，老师傅们喜欢打掼蛋，还有几个人喜欢打游戏，通过不断地摸索、观察调整，张班长按照兴趣爱好、年龄结构、队伍实力打造了 3 个核心团队，每个团队里有经验丰富的老师傅，年轻担当的技术骨干，初入工作岗位的新生力量，通过寻找核心团队的最佳组合，张班长发现大家重新燃起了对工作对生活的热情，也没有那么排斥长时间的出差了，大家想到干完活可以一起做自己有

兴趣的事会充满着干劲，从被激励变成主观的接受甚至是小期待，这一系列的转变都是因为兴趣所致，快乐是"团队小火车"不竭的动力。

> **思考 1** "以身作则，平均分配工作"所生产的激励作用为什么只维持了一个月的时间？

第二"驱"：目标驱动（内驱）

解决了出差动力，班组生产形势一片大好。两个月过去了，有一天张班长到班组的仪器仪表室找东西，发现仪器仪表有些凌乱、仔细检查发现附件箱还丢失很多东西。不仅如此，张班长还意识到虽然大家都乐于出差，但大家只是把工作干完，并没有明确的目标去激励着他们工作干好，所以年轻员工技能水平进步非常慢。行动起来，张班长深入每个现场考察每位班员的情况，私下里找到各团队的年轻骨干力量，指出了每个骨干的问题，表扬了每个骨干的优点，帮助骨干进步，并针对缺点对骨干采用了目标激励的办法，一个给了比较容易完成的任务，一个给了比较难完成的任务。在得到了帮助和指点后，经过一段时间，张班长发现经过自己重点培养的骨干所在的团队都取得了明显的进步。又过了一段时间，那个设定了较高目标的骨干所在的团队依然在进步，而设定目标不是那么高的骨干所在的团队进步明显放缓。通过不断地摸索，张班长发现，一个"跳起来"能够

得到的目标会激励小团队朝这个方向不断的努力、不断地进步。没有目标或者目标太高都会消磨团队前进的动力。于是张班长开始借阅很多目标管理的书籍，制定一系列的目标管理制度，按照班组生产、安全管理、科技创新等几个方面制定目标管理和每个人的子目标，在班组推行目标管理，班组和个人在目标的激励下焕发了生机。

> **思考2** 目标管理有什么作用？张班长通过哪些举措来实现目标管理？

第三"驱"：绩效驱动（外驱）

张班长是一个非常民主的人，他通常都会定期的询问班组思想动态，欢迎职工向他提出问题。班组各项事务都运转得很出色，12月份的一次党小组会议上张班长对大家的工作给予了充分的肯定，大家也畅所欲言。刚入职不久的小谈提出："张班长，我平时承担的任务太多，可是奖金却和别人一样，我一个月出差25天，别人一个月出差18天，我做了大量的工作，可是我的奖金和别人是一样的，有时候还因为干得多，错得多，反而会影响绩效奖金，这让我有一点沮丧。"张班长安慰他说："能者多劳，干得多说明你能力强，你离成功就不远了。"小谈也点了点头。嘴上虽然这么说，可是张班长心里有杆秤，是绩效考核出了问题。雷厉风行敢于作为是他的风格。张班长认真的研究了以往的绩效考核制度，发现班组绩效考核还存在以下几个问题。一是考核以实行减分制考核为主，人性化不足，激励作用不强。考核多以扣罚为主的考核手段，造成了"干得多，错的多，扣得多"的恶性循环局面，形成"考核就是要扣分、要罚款"的认识误区。太多扣罚的条条款款，使员工如履薄冰，唯恐做事多了就会出错多，互相推诿扯皮，尽量避免做一些复杂、烦琐的工作，员工积极性不升反降，最终影响了士气，带来了怨气。二是按岗位进行绩效考核、结果有趋同现象，轮流坐庄问题平均主义思想、"和事佬"的为人原则以及歪曲的"和谐"理念在基层班组员工中影响颇深，使班组成员容易安于现状，抵制变革。绩效考核结果是"你好我好大家好"，评估结果趋同现象明显，普遍存在所谓的"能者多劳"，多干多得不能很好地体现在绩效考核中，不考核工作量，按岗拿薪使得班员一味追求岗位，却没有按照岗位职责进行劳动，导致完成工作任务积极性偏低，工作效率低下。综合上述现状和存在的问题，张班长组织班内骨干讨论，最终采取了一套"工作积分制"考核方式。班内综合考虑人员配置和班组管理需求，采取"工时积分同价计酬"机制开展绩效考核工作，实现多劳多得，少劳少得，真正实现公平主义，促使班组生产积极性、生产业绩上新台阶。

> **思考 3** 张班长的绩效改革有哪些特色？

第四驱："鲇鱼"驱动（外驱）

张班长平时是一个喜欢读书和思考的人，有一天他在杂志上看到了一个故事：从前，沙丁鱼在运输过程中成活率很低。后有人发现，若在沙丁鱼中放一条鲇鱼，情况却有所改观，成活率会大大提高。这是什么原因，原来是鲇鱼在到了一个陌生的环境后，就会"性情急躁"，四处乱游，这对于大量好静的沙丁鱼来说，无疑起到了搅拌作用；而沙丁鱼发现多了这样一个"异己分子"，自然也很紧张，加速游动。这样沙丁鱼缺氧的问题就迎刃而解了，沙丁鱼也就不会死了。张班长意识到，当一个组织的工作达到较稳定的状态时，常常意味着员工工作积极性的降低，"一团和气"的集体不一定是一个高效率的集体，这时候"鲇鱼效应"将起到很好的"医疗"作用。一个组织中，如果始终有一位"鲇鱼式"的人物，无疑会激活员工队伍，提高工作业绩。张班长又开始寻找班组的"鲇鱼"，长期的班组管理经验让他意识到，每年新入职的员工往往工作积极性很高，他们也很需要快速提高自己工作能力和技能水平，这不就是班组的"鲇鱼"嘛。

对于一个团队来说，不停地补充新鲜血液会给团队带来活力和生命力，好好利用"鲶鱼"可以让班组管理达到事半功倍的效果。于是张班长结合"师带徒"的平台，重点培养新进员工的能力，鼓励他们进步，刻意地让年轻员工承担一些管理工作和复杂作业。这样不仅可以使班组新生力量快速成长，平衡班组的技能水平，也能达到"鲶鱼"的效果，鲶鱼的一股拼劲也会带动其他成员的积极性，班组呈现你超我敢，互学互进的良好氛围。在张班长的"四驱"战车带动下，电气试验班已经成为检修公司技能型班组、学习型班组的窗口班组，连续两年获得公司优秀先进班组。班内多人获得省公司专家人才称号，在国网公司举行的技能竞赛中多次获奖，在国网新员工培训中，新员工们也能统统斩获优秀学员的称号。

📝 问题解析

思考 1 "以身作则，平均分配工作"所生产的激励作用为什么只维持了一个月的时间？

解 析 以身作则是影响和鼓舞团队最好的手段之一，但不能解决问题的根本，长期繁重的工作会逐渐消磨最初的激情，只有培养工作的主动性和自发的兴趣，解决内因，才能根本上解决出差的动力。

以身作则，平均分配是班组长日常管理的重要方式。但是不能充分发挥人的主观能动性，让"要我出差，鼓励我出差"转变成"我要出差，我可以出差"。一味地被动鼓励，不加以巧劲和方法，长此以往，激励会显得苍白无力，如果不能培养出个人对事物的兴趣，不能从事物中得到快乐，就不能从根本上解决动力问题。

思考 2 目标管理有什么作用？张班长通过哪些举措来实现目标管理？

解 析 通过不断的设立目标，完成目标，个人和团队获得巨大的成

就感，这些成就感就是最好的驱动力。

充分了解每个人的特点特长，让他们做自己擅长的事情，并且运用目标激励。这个目标是"跳起来够得着的目标"，如果你给你的个人和团队 80% 能力就能完成的目标，他们会逐渐退步，但如果你给个人和团队 120% 能力才能完成的目标，会使他的能力有突破性的进展，前提是他能够完成这个目标，通过不断的完成目标，个人、团队才会获得巨大的成就感，这些成就感就是他们动力的最大源泉。目标管理体系建设包含以下几个方面。

1. 加强班组目标建设，健全班组目标管理体系

建立以激励为动力，以竞争促跨越的班组目标管理机制，制定班组目标管理制度，将每个岗位的任职资格、岗位责任和工作标准进行规范，要求班组职工对照标准认真履行岗位职责，同时将班组工作分为安全管理、生产管理、设备管理、综合管理四项内容，每项内容针对职工个人划分为劳动纪律、工作态度、团结协作、技术水平。

2. 坚持班组目标跟踪，确保班组目标管理的实效性

为了突出目标体系管理的实效性，班组目标管理中可以实行目标跟踪管理措施，建立周检查、周通报、月考核一条龙机制。从全部目标考核项目中提炼出职工日常操作失误率最高的项目，以目标为依据，不断检查对比，分析问题，并根据职工的行为改善和班组整体水平的提高变化，动态跟进、修改、完善并充实新的考核项目，确保目标管理的适应性和有效性。这些考核项目犹如一面镜子，照出了班组员工平时工作中的不足之处，使其能够及时根据考核项目修正自身行为，实现工作计划性、责任落实的约束性，杜绝了班组工作随意性、管理盲目无序性的问题出现，也由此形成了一套独有的、实用的、全面的可操作性班组目标过程管理体系。

3. 个人目标和团队目标相结合激发班组目标的实现

不要吝啬赞美，每个人都需要鼓励和认可，个人目标只有和团队目标绑在一块，才能最大的激励个人去完成目标。声誉是一种重要的激励手段。

人们都有争强好胜的心理，因为谁也不愿意排在最后，因此给职工制订个人目标计划的同时要把个人目标与班组目标有机结合起来，树立一种班组发展和个人发展命运共同体的理念。给个人发展提供平台，鼓励和帮助他们"走出去"，让他们看到努力的方向和希望。

思考3 张班长的绩效改革有哪些特色?

解析 通过推行工分同价机制，班组对员工工作量的大小有定量的掌握、班组员工每月的总工时以及每日平均工时有了数量上的比较，员工有了努力的目标和方向，能够实现员工多劳多得。

"工时积分同价计酬"是以标准工时为度量单位、以作业工时为基础来计量统计、审核确认员工的工时积分，由班组统一测定或调整工分单价，直接以工时积分向员工核算分配绩效工资的一套绩效考核激励的制度体系。班组通过统一"量化"标准将不同工作量化为工分，再经过"核算""考核""合理化调控"对每个员工进行打分，班组采用"一量三核"运用同一套工作积分标准，实现班组事务、生产任务的公平回报机制，做到公平公正公开，充分调动员工工作的积极性。

1. 推行灵活的绩效结果评级方式

研究表明，班组员工对班组绩效结果的关注程度远高于对部门组织绩效结果的关注，以班组月度（年度）绩效评比结果，灵活调配各班组员工月度（年度）绩效激励模式，可进一步调动班组员工队伍活力，提升工作效益，同时通过个人、组织绩效的联动机制推动组织绩效成绩，班组长要带头充分认识和推进绩效管理体系，按照公平公开公正的原则，切实保障一线员工的工作积极性，按劳分配。

2. 强化绩效理念宣贯，提供绩效管理优化的人力支撑

正确的绩效理念和文化是确保绩效管理体系落地的思想保障。

绩效考核的目的不是为了制造员工间的差距，而是实事求是地发现员工工

作的长处和短处，以便让员工及时改进、提高。绩效管理是手段，不是目的。绩效管理体系的科学设计和有效实施离不开企业全体员工的共同参与。因此，在开展绩效管理优化工作之前，需对员工进行正确理念的宣导和工作技巧的培训。

绩效管理工作是"一把手工程"，班组长在绩效管理工作过程中起关键作用，因此班组长要对"全面人力资源管理"理念充分理解。

3. 加强绩效面谈和绩效反馈的监管力度

绩效管理之所以区别于一般意义上的简单考核，关键一环就在于它引入了双向沟通机制，注重考评结果的及时反馈，使员工由原来完全被动的角色变成了一个主动参与的角色，引起了员工心灵上的共鸣。长期以来，班组员工的绩效面谈和绩效反馈几乎没有，因此需要建立班组绩效面谈和绩效反馈机制，加强对各级绩效面谈和绩效反馈的监管，从制度流程上约束，构建绩效管理 PDCA 循环运作机制。

要点点睛

（1）班组管理中，要善于从员工兴趣着手开展激励。

（2）个人目标和团队目标相结合可以实现个人和团队的双赢。

（3）利用合理的绩效考核实现班组事务、生产任务的公平回报机制，做到公平公正公开，可以充分调动员工工作的积极性。

（4）将新鲜血液打造成班组"鲶鱼"，带动班组良好氛围，班组管理事半功倍。

知识链接

目标设定理论

美国马里兰大学管理学兼心理学教授洛克（E.A.Locke）和休斯在研究中发

现，外来的刺激（如奖励、工作反馈、监督的压力）都是通过目标来影响动机的。目标能引导活动指向与目标有关的行为，使人们根据难度的大小来调整努力的程度，并影响行为的持久性。于是，在一系列科学研究的基础上，他于1967年最先提出"目标设定理论"（Goal Setting Theory），认为目标本身就具有激励作用，目标能把人的需要转变为动机，使人们的行为朝着一定的方向努力，并将自己的行为结果与既定的目标相对照，及时进行调整和修正，从而能实现目标。

（1）目标要有一定难度，但又要在能力所及的范围之内。

（2）目标要具体明确。

（3）必须全力以赴，努力达成目标。如果将你的目标告诉一两个亲近的朋友，那么，就会有助于你坚守诺言。

（4）短期或中期目标要比长期目标可能更有效。

（5）要有定期反馈，或者说，需要了解自己向着预定目标前进了多少。

（6）应当对目标达成给予奖励，用它作为将来设定更高目标的基础。

（7）在实现目标的过程中，对任何失败的原因都要抱现实的态度。人们有将失败归因于外部因素，而不是内部因素的倾向。只有诚实对待自己，将来成功的机会才能显著提高。

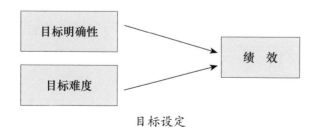

目标设定

大件铁军的破茧之旅
——高端换流变压器卸车作业

摘 要　实践出真知。本案例围绕 ±1100kVGQ 换流站高端换流变压器卸车作业，描述了项目部及班组人员在高端换流变卸车过程中遇到的问题，根据实际情况采用情景模拟方式进行现场安全技术交底，确立卸车方案细则，最终安全顺利完成卸车任务，同时此项任务打破了在电网大件卸车作业领域的世界纪录，今后的卸车作业提供了科学、可靠的参考依据。

关键词　安全技术交底　情景模拟　现场管理　合理安排

情景聚焦

　　±1100kVGQ 换流站大件运输项目高端换流变压器卸车任务在即，此次高端换流变压器重达 535.5 吨，是一项破世界纪录的卸车作业，也是对企业员工能力的又一次检验。A 队队长老王同志，深知换流变压器的卸车作业不是一个人能够完成的，必须依靠团队成员间高效沟通与紧密合作才能完成。如何提升团队高效沟通的效果和保持紧密合作的意识，是班组长在此次卸车作业的重点工作。

流行于形式的安全技术交底会议行不通

项目部人员和老王同志像对待以往工程的流程一样，提前了解换流站的卸车场地，并召开了安全技术交底会议。在会议上，老王同志重点强调了此次卸车作业的重要性，划清各岗位职责并对具体工作进行了分工安排，将所需要的工器具进行列表归纳，分发给每一位队员，共同查漏补缺；同时，技术人员也对卸车方案进行了安全技术交底。老王同志对在卸车作业中每个人的站位、每个工器具的使用位置进行了充分说明，并一一解答了队员所提出的问题。然而，会议效果并不理想，老队员对此漫不经心说道："队长，我都干了这么多年了，肯定不会有事的。"从未干过的新队员一副很为难的样子说道："队长，我从没干过，不了解、没概念，对此卸车作业任务形成不了轮廓。"老王同志对本次的技术交底会议效果很无奈，也很头疼，一时竟不知如何解决。

思考 1 如何充分发挥安全技术交底的作用？

情景模拟，合理安排

随着时间的推移，高端换流变压器的卸车工作被提上日程，如何在有限的时间和空间内顺利完成卸车任务是一大挑战。老王同志为此烦恼不已，这时他想到换流变压器的模拟运输，如果对卸车任务也进行作业前模拟会如何呢。

说干就干，经技术人员确定，老王组织人员选出合适的平板车停靠位置和各种工器具的规格，在此基础上进行情景模拟。同时将道木排架的搭设位置分别在停车位置的左右两侧进行情景模拟，根据工器具尺寸和吊车的作业半径，定好排架、吊车和相关工器具的位置，标注人员活动区域。在保证安全的前提下，顶点作业人员就位后，从吊车的可操作性、工器具的拿取便捷性等充分询问相关责任人的意见，老队员带着新队员，对每一个工序进行指导，观察指挥点和工器具的使用等，从情景模拟中选择合理的作业模式，充分发挥每一个人的作用，共同合作，完成任务。

> **思考2** 理论源于实践，如何根据实际情况，进行情景模拟？

每日站班会交底制度，进行具体工作安排和技巧指导

情景模拟达到的"加强老员工对任务的重视程度、增加新员工对任务的学习机会"的效果让老王同志甚是欣慰。2018年6月18日，端午佳节，第一台高端换流变压器顺利运输进站，A队队员依然奋斗在第一线，为高端换流变压器的顺利卸车做了充分准备。在现场将三级风险的施工作业票完善后，进行每日的站班会交底，交代清楚今天的工作内容，细化安排每个人的工作，向每个人传达安全注意事项。按照工作任务和工作进度安排每个人每天的工作目标，让每个人都明白自己要干什么，在什么时间干什么，最终能够多快好省的完成卸车任务。

老王同志对作业技巧、难点和新工艺进行示范与指导，他也借鉴其他单位的经验和工器具的使用，将相关新技术应用于实践：一是将顶点位置基础由道木改变为道木和钢墩相结合的方法，采用撬棍进行微调，用老虎车进行顶点排架的整体移动；二是将滑板由滑动摩擦改为滚动摩擦，增加换流变压器的安全系数，减小三维冲击记录数值，这是大件卸车的一大技术革新。在老王同志以身作则、亲力亲为的工作表率下，队员们热火朝天地行动起来。

标准化工艺流程，安全卸车

人员就位，车辆就位，工器具准备妥当……在做好一系列的准备措施后，A队队员开始根据老王同志在对讲机中发布的命令有条不紊地进行卸车作业。按照前期情景模拟的步骤，将平板车停靠在卸车位置、固定搭设

道木排架和千斤顶排架，用千斤顶将换流变交替顶起，每隔10cm垫上道木，抬起足够的高度塞钢轨和滑板，然后将换流变压器缓慢落下，用推移油缸和推杆将换流变压器移动至轨道小车正上方落下，牵引至轨道交叉位置，进行轨道小车转向，最后进行二次牵引布置，将换流变压器牵引至指定位置。

老王同志带领A队队员在高效沟通和团结合作下，对换流变压器卸车的每一个步骤、每一个工艺，都按照情景模拟中的工艺流程小心翼翼进行，最终安全顺利地完成卸车任务，还成功打破换流变压器卸车在电网领域的世界纪录，为今后的变压器卸车提供了宝贵的方法与经验。

> **思考3** 在换流变压器卸车作业中，如何合理安排工作内容，才能保证安全与时效？

问题解析

思考1 如何充分发挥安全技术交底的作用？

解析 安全技术交底是项目管理中安全管理的手段之一，但不能一蹴而就，流于形式。

安全技术交底要按实际情况进行，详细列出方案措施，要讲明白讲清楚注意事项。无论是交底人，还是被交底人都要进行深刻思考，再次学习注意事项，做到真正熟悉了解后再进行签字确认，不能简单地流于形式，只做签字确认后就结束。施工前对当天的施工内容进行交底，以确保施工安全顺利进行，切实发挥安全技术交底的作用。

要正确认识安全技术交底的作用，时刻牢记安全交底内容。在进行安全交底后，可采用简要问答的形式进行检验，并加深印象，对不懂的地方要及时提出。定期对人员进行培训考试，根据所从事的工种类别的特点，对常规问题进行检查，以达到安全施工的效果。

思考 2 理论源于实践，如何根据实际情况，进行情景模拟？

解 析 理论源于实践，又对实践具有指导作用。情景模拟要根据工程情况，具体问题具体分析。

根据现场实际施工情况，在现有条件的基础上，采用情景模拟的方式，用过往的经验指导人员，把实践和理论结合起来，不能仅仅是照搬理论经验。

面对换流变压器的卸车任务，负责各个步骤的班组人员，根据现有的场地、工器具，借鉴以往经验，对场地进行统一布局、充分思考和多次论证，并将系数放大进行针对性比较，在满足工作条件的情况下选择合适的工作方式。情景模拟可以在现场进行模拟，但是，如果实际情况不能满足模拟条件，就要借助相关软件进行仿真模拟，例如大件运输的转弯半径模拟，对每一个转弯都进行软件模拟论证，对不符合条件的道路进行处理，再进行同条件的实际模拟运输，从而保证大件运输的顺利进行。因此，情景模拟要从实际出发，根据不同情况进行不同的情景模拟。

思考 3 在换流变压器卸车作业中，如何合理安排工作内容，才能保证安全与时效？

解 析 确定卸车的工作内容，合理安排工作时间，杜绝疲劳作业，保证安全与时效。

1. 确定换流变压器卸车的工作内容

因台数、大小和业主要求等不同，有单台突击卸车、连续作战卸车等不同的卸车模式。根据现场卸车模式的情况，了解工作任务，合理安排每天的作业内容。

2. 合理安排工作时间

根据作业内容，考虑安全和前后工序的连贯性，分析各工序存在的危险点、紧密性和作业时间，合理安排工作计划，以天为单位完成每天安排的任务。或者在保证人员安全和换流变压器的安全前提下，以工序为节点，完成工序内容，提高工作效率，顺利完成每天的施工作业。

3. 杜绝疲劳作业

换流变压器卸车是一项特殊的作业内容，劳动强度大，时间长。根据卸车模式，合理安排工作计划，让队员了解每天的工作内容和工序的危险点，合理分配体力，形成单一作业和整体协作相结合的工作模式，避免无计划施工，同时也保证了人员充足体力和精力，杜绝疲劳作业，提高了工作效率，从而保证安全和时效。

要点点睛

（1）在现场管理中，要充分发挥员工的作用，体现员工的价值。

（2）群策群力，合理安排，高效沟通，团结合作，制定切实可行的工作计划，往往能达到意想不到的结果。

（3）情景模拟要根据实际情况具体问题具体分析，保证安全与时效。

知识链接

高端换流变压器卸车的标准化工艺

（1）将吊车停放在指定位置，了解轨道小车尺寸，操作平板车液压使平板车货台平面与轨道小车高度相同，搭设卸车排架和顶点排架，留出轨道小车位置。

（2）利用 8 台 200 吨电动液压千斤顶交替顶升换流变压器的一端，顶升过程中始终有专人用道木头和木板块在变压器底端合适位置进行操垫保护。当变压器下方高度可平稳放置下滑道（三根重型钢轨组成）后，停止顶升；利用吊车辅助进行布置，再次操作液压千斤顶使换流变压器落在三组钢轨滑板上。

（3）如下图所示，布置电动液压顶锁紧装置和电动液压顶推装置，利用泵站将主变压器逐步推移到排架上方，并检查变压器中心位置与小车轨道中心位置是否吻合，没有吻合则通过液压顶推装置稍做调整，变压器中心与轨道小车中心吻合后停止推移，然后落下。

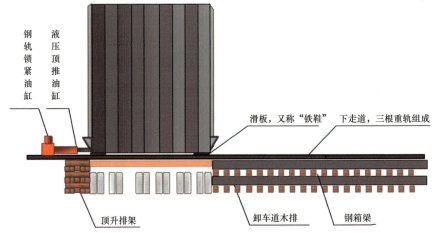

卸车排架及顶推装置的现场布置

在现场管理中，高端换流变压器卸车排架及顶推装置的现场布置，以及操作工艺，为较大较重的变压器卸车作业提供了参考，进一步提高变压器卸车的安全系数。

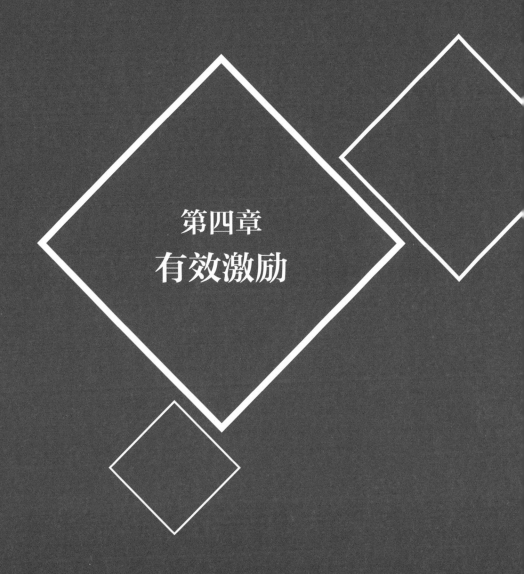

第四章
有效激励

◎ "闫"师出高徒

◎ "韩夫子"的带兵之道

◎ 从"一枝独放"到"春色满园"

◎ 焕发老员工新活力

"闫"师出高徒
——如何激励班组员工学习

 摘　要　组织学习讲技法，有效激励需良方。本案例讲述了一个学习型班组的成长故事。通信一班闫班长面对班组人员结构两极分化严重，知识能力亟待提升的管理现状，从激励班组成员学习失败，到改进学习方案、探索激励方法，最终营造良好的班组学习氛围，有效激励和帮助班组成员学习成长。通过案例分析了该如何正确地激励员工，打造学习型班组。结合共同参与、取长补短、互利互助、知识共享、奖励机制等关键要素，班组学习激励把握"四个结合"关键点，为激励班组员工积极学习，营造良好工作氛围提供了借鉴。

关键词　学习型班组　激励机制

 情景聚焦

　　X市供电公司通信运检一班现有成员10名，其中3名研究生，1名本科生，3名大专生，3名退伍军人，主要负责主站中心机房设备的运行维护、全局办公电话的安装维修、视频会议的保障工作。班组成立至今面临的主要问题是人员结构两极分化严重，老员工知识结构单一，学习新事物新知识动力不足；新员工工作经验不足、业务技能不够。

"今天机房安装新设备，厂家没有工程师过来，有谁会配置 PCM 的，去一下现场配置数据吧。"闫班长在班里问完，班组成员左看右看，却无人有信心应答。闫班长心急如焚，面对班里人员亟待提升的业务技能，也是深深地叹了口气。她意识到，带动班组成员积极学习，提高业务技能是眼下工作的重中之重。

先行自学，出师不利

闫班长做好前期准备工作后，召集班组成员召开了班组会议。会上，闫班长罗列了近三个月工作中出现的各种问题，分析问题发生的原因，指出提高员工专业技能迫在眉睫。闫班长提出，每月给大家发学习资料，先自学，再每月组织一次集中讨论学习，以此提高班组成员的业务技能水平。

闫班长信心满满，班组会议后的第一个月初就早早地准备好了本月的学习内容，及时地发放到每一位班组成员的手中，并且叮嘱大家一定要认真学习，下旬再集中讨论交流大家学习中遇到的问题。转眼就到了集中学习讨论的这一天，大家按时出席，无缺席迟到情况，让闫班长很是欣慰，心里暗暗想：大家讨论会如此积极，看来学习的积极性很高啊，今天的讨论会必定会很有收获。但是事实并不尽如人意，讨论并没有像闫班长以为的那样热火朝天，大家坐在位置上低头不语，会议室安静得能够听见针掉落地上的声音。班里的老师傅按捺不住站起来说："我们这都一把年纪了，实践还可以，一学理论就犯困，记忆力大不如从前了，你发的学习内容压根没看完呢。"小黄也支支吾吾说道："我都看完了，但是没有现场经验，不知道该怎么交流。"

> **思考 1** 闫班长为员工制定的自学计划为什么会失败？

说完，其他人也都微微地点了点头。听完这话，闫班长顿时愁眉紧锁。

集中培训，事与愿违

见自学并不能带动员工学习的积极性，闫班长经过思考，决定改自学为集中学习。她加班加点编制了集中培训方案、计划，制作课件，决定每月进行一次集中培训学习，以此培养班组员工的学习积极性，提高员工专业技能。

就这样，第一次的集中学习培训如约而至了。闫班长早早地在会议室打开课件，等待着班组员工们的到来。大家也都像参加往常班组会议一般，按时出席，有些人还专门带了笔和笔记本，闫班长甚是欣慰。可是学习的过程并不顺利，课上大家有的出去接打电话，有的窃窃私语，真正认真听讲的人不多。几次课下来，基本都只是闫班长一个人在做课件、讲课件，有时忙起来连闫班长自己也忘记做课件，该月集中学习就只好取消，于是请假缺席的人也越来越多。一段时间下来，班组员工对集中学习应付了事，甚至有人直接无故缺席。显然闫班长的集中培训计划已经流于形式。

> **思考 2** 闫班长的集中培训为什么会流于形式？

改革创新，立竿见影

闫班长深知不能再这样继续下去，调动大家学习的积极性并非仅靠她一人之力，需要大家群策群力。

于是闫班长召集班里的骨干成员，针对究竟该如何调动大家学习的积极性，营造班级学习氛围，提高员工业务技能，究竟该如何开展集中培训进行了讨论。大家一致认为，学习不能脱离实际，这种定期开展的理论培训既盲目又没有效率。最后大家讨论决定，实行"知识共享"模式。所谓"知识共享"模式就是让班里的老员工带新员工，老员工教授新员工实践技能，新员工充实老员工专业理论知识，带动老员工的学习主动性，员工之间互相学习，知识共享，理论与实践互补，相辅相成。同时，定期从班里选出授课人，精心归纳总结自己这段时间的学习收获，备课、讲课，授课人分享所学知识的同时，也可将自己工作中解决不了的问题拿出来，大家在一起讨论学习，共同努力解决。针对这种分享式、以实践为基础的集中培训方案，大家表示很想尝试。经过一段时间的实践，大家学习的积极性也变得高涨起来，老员工的理论知识变得丰富，懂得的新技术也逐渐全面，新员工的实操技能也越发熟练。

看到改进后的集中学习效果良好，闫班长心里甚感欣慰。为了让大家遇到的问题得到更专业更系统的解答，闫班长定期汇总班组工作中未能解决的问题，主动邀约厂家工程师，进行集中培训答疑。答疑会上，大家积极踊跃提问，认真听取且详细记录，出现了一片热火朝天积极学习的现象。这样定期召开的答疑会，大家表示都收获颇丰，有茅塞顿开之感，希望能够有更多的机会参加类似的集中培训。同时，闫班长还进一步组织了班组成员与兄弟班组开展互学活动，双方定期进行集中学习交流，在基层班组间交流工作经验，并互派人员到工作现场，相互学习，相互支援。

> **思考3**　"知识共享"模式的集中学习有哪些优势？

持续改进，大功告成

为更进一步激发班组成员的学习热情，闫班长向公司申请不定期开展知识问答、技术比武和技术示范等活动，一方面可以持续提高员工理论水平，另一方面可以为班组选拔技术尖子。同时，对活动中表现优秀者进行物质奖励、荣誉表彰，充分调动大家的积极性。

通过"知识共享""班组交流""厂家答疑""技术比武"等一系列措施，现在的通信一班员工专业理论坚实，业务技能高超，班组学习氛围

浓厚。大家争着做事，争着讨论，争着学习，从"要我学"变为"我要学"，班组的很多的工作都能提前完成。通过近两年的实

思考4 应该从哪些方面着手提高班组员工的学习积极性？

践，一方面班组员工技能得到提升，工作经验也日渐丰富，另一方面班组内也逐渐形成了积极向上的工作环境和持续渐浓的学习氛围。

📝 问题解析

思考1 闫班长为员工制定的自学计划为什么会失败？

解析 **自学是学习的方法之一，但不能成为班组员工学习的唯一途径。**

自学是我们在日常学习中必不可少的环节。在学习过程中，自学是巩固学习内容的重要手段，但是自学不能作为获得知识、提高业务技能的唯一途径。我们应充分正确地认识自学的作用，以实践学习为主，以集中交流学习为辅，再以自学巩固所学内容。

闫班长为员工制定的自学计划全凭自己的主观想法，未考虑到班组老员工理论知识薄弱，缺乏学习主动性，新员工没有现场工作经验，无法通过自学将理论用于实际工作的情况，所以会以失败告终。

思考2 以闫班长为主的集中培训为什么会流于形式？

解析 **集中培训未贴合员工培训需求、脱离实际工作，因而流于形式。**

集中培训是提升班组人员业务技能的一种有效手段，闫班长进行集中培训的想法是值得肯定的，但是没有取得成功，是因为闫班长在实行集中培训的过程当中出现了一些问题，具体如下：

1. 培训方案闭门造车，未贴合员工的实际培训需求

闫班长最初执行的集中培训方案，其培训内容和方式并没有征求班组成员的意见与建议，也没有获取专业人士的技术支持，完全按照自己的想法开展实施，缺乏群众基础。这种单纯讲课件的集中培训必然不会被员工认可。

2. 盲目学习理论知识，未与实际工作相结合

闫班长最初推行的集中培训脱离实际工作，以自己所认为的经验准备理论知识课件，员工觉得授课知识在实际工作中用处不大，且理论知识脱离实际难以被老员工理解接受，新员工又很难将理论知识应用到实际工作中。

思考3 "知识共享"模式的集中学习有哪些优势？

解 析 "知识共享"模式可以取长补短，共同进步，有效结合理论与实际，既"请进来"，也"走出去"，并且将精神与物质激励结合。

1. "知识共享"模式，取长补短，共同进步

"知识共享"模式，以一师带一徒，师傅教徒弟实践技能，帮助徒弟提高业务技能水平，徒弟教师傅理论知识，帮助师傅更深层次理解专业知识，师傅与徒弟，互相学习，取长补短，共同进步。同时，能者皆为师，人人上讲台，人人当老师，大家互相交流探讨，使大家能够主动学到想学的知识，提高学习效率并增强学习效果。

2. 以实践为基础，理论学习为辅，相辅相成

闫班长改进后的学习方案，既不是盲目自学，也不是脱离实际的理论学习，而是以日常工作中遇到的问题为基础进行答疑解惑。这样以实践为基础，理论学习为辅，相辅相成，才能使员工感受到学习的收获，激发员工学习的动力。

3. "请进来"——借助外力，深化学习

闫班长意识到学习不能闭门造车，自己和班组员工的专业水平十

分有限，所以她及时请来厂家工程师，借助他们的专业技能，为员工答疑解惑，解决专业理论问题、提升员工实际操作能力、开拓员工们的视野。

4. "走出去"——基层结对，开展互学

闫班长组织班组成员与兄弟班组开展互学活动，双方定期进行集中学习交流，使基层班组间实现知识共享，起到同行比较、横向交流、取长补短、共同进步的正向激励作用。

5. 技术比武，精神与物质激励结合

闫班长后来推行的学习方案中，以不定期开展技术比武、知识问答、技术示范等活动，从精神和物质两个层面激励员工，有利于在班组内形成一种学习技术、争当技术能手的良好风气和氛围。

思考 4 应该从哪些方面着手提高班组员工的学习积极性？

解 析 把握"四个结合"，有效激励员工学习。

学习是企业生存和发展的关键所在，尤其在当前知识经济竞争日趋激烈的市场环境下，员工储备知识，提高自身业务技能就更显得至关重要。激励班组成员学习，营造良好学习氛围应做到"四个结合"。

1. 集中学习与个人学习相结合

学习既是当前企业发展中的必然要求，又是员工提高个人素质的必备条件。学习仅靠员工自己盲目自学、闭门造车还远远不够，企业要发挥其自身的号召力，组织、激励员工学习，营造学习氛围，将"要我学"变为"我要学"，让员工善学、会学、肯学。

2. 以老带新与以新帮老相结合

传统的师带徒政策对师带徒只有形式上的规定，却没有内容上的要求，以致老师傅的绝技绝活失传，新员工的新知识传播途径不畅。因此，当前企业班组应建立和完善"以老带新、以新帮老"学习激励机制，企业工会、人力资源等各级组织部门应为结对子的员工相互学习、相互帮助提供宽阔的舞台，从而使员工学习有劲头、工作有奔头。

3. 学习实践与研究理论相结合

在现实工作中，实践与理论相结合说着容易做着难，在大多数班组中，理论强却动手能力弱，有操作经验却缺乏系统性知识的人比比皆是。因此，要想达到理论与实践相互统一，相互结合，必须让员工养成勤动脑勤动手的好习惯，让理论强得多动手，运用新理论、新技术指导实际；让操作娴熟的人多看书，逐步把丰富的实践经验提炼成理论，再用于指导实践。

4. 组织激励与自我鞭策相结合

创建学习型班组需要激发员工的学习热情。在激励员工学习的过程中，企业应出台奖励措施，从精神和物质两个层面激励员工，让员工感到学习既得实惠又得荣誉。与此同时，员工要有自我鞭策促学习的恒心和信心，学以致用，学有所成。从而在组织内部形成良好的学习氛围，员工得到锻炼成长，组织绩效有效提升。

要点点睛

（1）电力通信网的运行维护工作日益繁重，基本班组员工提高学习积极性，增强业务技能迫在眉睫。而班组员工盲目自学、闭门造车学习方式不合时宜，应积极接受新的学习方法、新的知识，团队学习、知识共享。

（2）基层班组中存在老员工重技能实践、轻理论，新员工重理论、轻技能实践的现状，而理论与实践相辅相成，二者缺一不可，因此班组员工学习要以实践为基础，理论学习为辅，将实践提炼成理论，再用于指导实践。

（3）班组成员学习要"请进来、走出去"：聘请具有丰富理论知识和实践经验的专家通过技术讲课、技术报告会和现场分析等方式来提高班组成员的理论知识水平和实际操作能力；组织班组成员去生产厂家和具有丰富运行经验的兄弟单位、班组参观学习，积极思考，相互交流，汲取经验，起到"他山之石，可以攻玉"的效果。

（4）激励班组成员学习，企业应运用好激励机制，充分调动员工学习的积极性、主动性和创造性，挖掘班组成员的巨大潜能，实现员工自我驱动，自我管理。

 **知识链接**

期望理论

激励（motivation）取决于行动结果的价值评价（即"效价"，valence）和其对应的期望值（expectancy）的乘积，有

$$M=\sum V \times E$$

其中，M 表示激发力量，是指调动一个人的积极性，激发人内部潜力的强度。V 表示效价，是指达到目标对于满足个人需要的价值。E 是期望值，是人们根据过去经验判断自己达到某种目标或满足需要的可能性是大还是小，即能够达到目标的主观概率。

弗隆（V.H.Vroom）认为，人的工作行为是建立在一定的期望基础上的，激励力量等于目标价值与期望值的乘积。要适当控制期望值，期望值太小会使员工失去信心，太大则会使员工失去挑战。因此，组织需根据发展目标的要求，致力于提高员工的工作期望、奖励的关联性和效价强度。

"韩夫子"的带兵之道
——以多样化激励强化班组建设

 摘　要

管理无定式，不拘一格激励组员。本案例描述了一名作业层班组长，如何管理数十人的团队，怎样建设一个实力强劲的队伍，努力完成公司指定的各项工作任务，获得好的成绩。韩夫子是送电十一班的班组长，有着多年丰富的线路施工经验，是高水平的施工队伍带头人，在他的带领下班组获得过诸多精品工程建设业绩，每年被评为先进班组，这些成就与班组长带领有方及团队成员的付出是密不可分的。

 关键词

班组激励　奖罚分明　情感交流

情景聚焦

Y省送变电公司送电十一班是送电自有班组，其组织机构健全，全员共计40人，主要负责线路工程架线、大跨越高塔组立施工等高难度作业。班组人员业务能力强，跨越塔施工中应用镶塞和带电封网跨越施工技术，使作业技术有了新的突破，受到公司好评，连续多年获得先进班组及先进个人等荣誉称号，被公司称为送电王牌军。

情景一　聊天谈心帮助新员工

送电十一班是单位新进员工重要培育场所，每年都会有新员工进入班组学习。为了使他们快速融入集体，在工作之余韩班长经常与他们聊天谈心，通过几次谈话后就了解了他们的一些想法。小王是员工中学历最高的，毕业后一直希望能有一份满意的工作，送变电公司这样的工作是他最理想的选择，可进入单位之后，发现当前工作以及工作环境与想象中有着很大差别；小高第一天到班组，就感觉到施工班组的环境，没有理想中的美好；小孙觉得班组在野外的工作环境非常艰苦，失去了当初来到送变电的工作热情。他们这些新进员工因为工作环境对各自的前景产生了迷茫。

作为一名班组管理者，韩班长觉得有必要帮助新员工树立正确的价值观，提高对企业的信心，合理规划自己的前景。因此韩班长为这些新员工安排了学习任务，将他们调换到适合的岗位工作，跟着有经验的老师傅学习。平时也将自己的工作经验向他们分享，告诫新员工眼前一切都是暂时的，是每一位送电工都要经历的，没有施工一线地历练，在今后的工作中怎么才能更好地发挥作用？平时让他们对自身工作经验进行总结提炼，还定期对他们的工作给予评价，当员工看到自身的工作能力与成绩显著提升，并得到领导和同事的肯定，就有了前进的动力。

> **思考 1** 如何帮助新进人员明确工作方向，提升工作能力？

情景二　信任的力量

在线路工程施工现场，经常可以看到施工班长在一旁监督，部署相应的工作安排。但在韩班长的导地线架设施工现场，并没有看到他去安排部署，也没有看到他用对讲机不断指导每个人的工作。现场工作依旧有条不紊进行着，这令人感到不解，施工班长的工作任务不就是要在施工现场对员工进行管理和指导吗？韩班长告诉我们，班里的班员都是经验丰富的送电工，我虽然是施工班长，但我从来不觉得大家在施工方面不如自己，我相信自己的团队。作为一名班长，我更注重的是管理，懂信任，懂放权，懂珍惜，就能团结比自己个人更强的力量。也许就是这份信任才让每个人都有了奋斗的力量，激发了班员们的奉献精神。

> **思考 2** 如何调动员工工作积极性,提高团队工作效率?

情景三　关心组员，建设大家庭

某天在施工间歇中，韩班长的手机响个不停，打开手机都是祝福信息，班组群里热闹非凡，细看之下发现原来是小李的生日祝福。其实韩班长一早就通知司务长，已经为小李准备好生日晚宴，只等收工回去，为小李庆祝。平时韩班长将每个成员的出生日期都细心记录下来，通过加餐的方式为他们庆祝生日，日期相近的就组织在一起过。韩班长常说："班组的班员来自五湖四海，常年工作在外，与同事在一起的时间比家人都要长，因此我们就是一个大家庭，也许他们都忘记了自己的生日，但我一定要为他们记住，并且以实际行动祝福他们，这也是增强团队凝聚力的一种方式。"

> **思考 3** 如何增强团队凝聚力?

情景四　个人与团队

老张是一名恃才傲物的员工，认为自己资历比较老，总觉得比他人优秀，内心有一种逆反情绪，这就是管理者常说的不服管。大家都知道老张的能力，但不能因为他的能力强，就可以不服从管理。韩班长看出大家的心声，加上老张前一段时间受了处罚，准备利用工作闲暇之余，与老张好好沟通。韩班长说："老张呀，你的工作及业务能力都很强，很多新员工都要跟你学习，可不能那么吝啬，你可要给他们树立一个好榜样，把身上的光芒照耀出去。不过你各方面都很好，就是性子太急，不听别人建议，这样容易走弯路。时代在变，我们也要跟着改变，不能全凭自己的经验来，也要与科学相结合，才能更好地完成各项工作。"老张听后连连点头，因为他前期就吃了不懂高科技的亏，走了弯路，也受到处罚。老张决心改掉身上的臭毛病，与同事搞好关系，虚心向他人请教。

韩班长在初任班长时也遇到这种情况，为了不让大家带着情绪工作，首先得让当事人正确认知个人与团队的关系，然后通过交流沟通加强彼此间的感情。在工作中也常常会真诚地聆听他们的意见，这会使他们感觉受到了重视和尊重，反抗情绪也就渐渐平息下来。但管理方式也不能太过仁慈，除却心理上抵触的，也会出现违犯了规章制度，既然违规了就必须处罚，不然就等于有错不咎，赏罚不明，奖罚情况也需视具体情况而定。

> **思考 4** 为提升团队整体能力，如何提高员工业务能力？

问题解析

思考 1 如何帮助新进人员明确工作方向，提升工作能力？

解 析 探寻工作的内在价值，丰富工作内容与形式。

班组长必须为班员寻求工作的内在意义，也就是要为班员创造工作的意义和价值。班员体会到工作的内在价值与意义，才会真正为了这份工作而积极努力，发挥自己的最大力量。主要内容有：确定工作责任、工作权限、工作方法；

确定工作任务完成所达到的具体标准；确定工作者对工作的感受与反应；确定工作反馈等。班组长考虑队员的因素越多，对班员的激励效果就越强。

工作内容多元化，增加一些与现任工作前后关联的新任务；增派经验丰富的班员做指导工作；新班员在各个岗位上轮流观察学习一段时间，亲身体会不同岗位的工作情况，为以后工作中的协作配合打好基础。对于班组骨干更要实行岗位轮换，对业务全面了解，开阔眼界，扩大知识面。

思考2 **如何调动员工工作积极性，提高团队工作效率?**
解 析 **充分信任，适当放权。**

班组管理人员不仅要有较强的业务能力，还要懂信任，懂放权，懂珍惜，提升自己的管理水平才能团结更强的力量。相反只追求业务能力，所有事情都做到亲力亲为的人，只能成为最好的施工人员，并不能成为优秀的班组管理人员。

班组管理人员不要吝啬一些头衔、名号。一些名号、头衔可以换来班员的认可感，从而激励起班员的干劲。班组管理人员可以根据工作职务为班员增加辅助头衔，帮助定位班员角色，也可以明确绩效标准，建立活动规范，决定组织结构。如果班组管理人员对班员和工作没有明确期望值，将阻碍班员实现自我激励。

班组管理人员要帮助班员设定个人目标，让班员明确团队的目标。班组长可以通过目标对下级进行管理，确定组织目标并进行有效分解，转变成各个人的分目标。目标设置要具体。具体、明确的目标要比笼统、空泛的要求或者目标产生更高的绩效，同时设置的目标需让班员接受和认可。

思考3 **如何增强团队凝聚力?**
解 析 **情感关怀，增加团队氛围。**

各个岗位的人员都应当相互沟通，班组长更应该不断了解班员的需求，了解班员对团队的意见，使班员真正参与到管理决策中，班组长要加强与班员之间的沟通，要适当给予班员鼓励，肯定与赞美是最强有力的激励方式，更加能调动工作积极性。

班组长要多了解班员个人及家庭情况，在班员情绪低落的时候，要帮助班员解决所面临的困境，与班员探讨如何能更好地处理所遇困难。

此外班组长还要丰富班员的生活，营造队伍融洽的气氛，这对于队伍战斗力的提高大有裨益，例如：节假日组织集体活动，开展兴趣性的知识比赛，生日祝贺等，为班员排忧解难、办实事、送温暖，通过这些活动大家身心也能得到一定程度的放松。

思考 4 为提升团队整体能力，如何提高员工业务能力？

解 析 赏罚分明，合理考评。

在工作中，班组长要奖励与批评并用，做到赏罚分明。激励和惩罚并用，一方面通过激励来激发班员的工作热情、提高工作效率。另一方面通过严惩来达到规范班员行为、使班员在外在制度规范的约束下，集中精力工作，保质保量完成任务。

激励可以是以下一些方式，例如：发奖状、证书、记功、表扬等，追求良好声誉是每个人的发展需要。人们都有争强好胜的心理，因为谁也不愿意排在最后，公司实施的以 A、B、C、D 四级为班员进行考评也正是考虑到这一点。

但考评是一把双刃剑，作为班组长拥有考评权，则要充分利用这一权利，因为没有人比你更了解班员的情况，正确合理利用考评可以给团队带来积极的影响。考评应当注意把握以下几个原则。

（1）考评永远是鼓励进步者，而不是优秀者，只要班员取得了进步，不管水平多差，就要在考评上体现出来。那些一直表现优秀的班员，要考虑在奖金给予倾斜，或者赋予相应的奖励。

（2）对于考评相对较差的班员，管理者一定要帮助他一起分析原因，解决问题。

 **要点点睛**

（1）因人施教，千万不能墨守陈规，要学会"因人、因时、因事激励"，设定前景目标。

（2）尊重和信任班员，相信班员的个人能力，充分发挥潜在力量。

（3）团结互助，使每个人都融入整个团队中，给予期望目标，带动积极性，增强团队凝聚力。

（4）善于沟通，善于发现，以沟通为主改变奖惩硬性，加强团队精神，强化企业使命感。

知识链接

"南风"法则

"南风"法则也称"温暖"法则，源于法国作家拉封丹写过的一则寓言：北风和南风比威力，看谁能把行人身上的大衣脱掉。北风首先吹得人寒冷刺骨，结果行人为了抵御北风的侵袭，便把大衣裹得紧紧的。南风则徐徐吹动，顿时风和日丽，行人觉得温暖如春，随之开始解开纽扣，继而脱掉大衣，最终南风获得了胜利。这则寓言形象地说明一个道理：温暖胜于严寒、柔性胜于刚性。领导者在管理中运用"南风"法则，就是要尊重和关心员工，以员工为本，多点"人情味"，少点"官架子"，尽力解决员工日常生活中的实际困难，使员工真正感觉到领导者给予的温暖，从而激发他们工作的积极性。

从"一枝独放"到"春色满园"
——如何对劳务派遣员工进行有效激励

 摘　要　岗位轮换破壁垒，工作积分促成长。本案例描述了营业厅班长小杜在劳务派遣员工缺乏有效激励机制的环境下，经过不断尝试，最终通过制定实施岗位轮换制度、组长选聘制度及员工成长积分制，实现了对劳务派遣员工有效激励的故事。通过案例分析，介绍如何在公平、公正和公开的环境下，以"优秀提拔、中段鼓励、末位惩戒"三管齐下的方式解决班组"361"分化现象，动态提拔组长、为大家提供平等的晋升通道和完善的加分机制，全面提升团队士气，提升营业厅的服务质量。

 关键词　岗位轮换　动态提拔　员工成长积分制

🕐 情景聚焦

　　L市供电公司皖西路营业厅是一支由 22 名员工组成的巾帼队伍，班长小杜业务技能强、服务优质规范，是系统内外小有名气的劳动模范。班组员工均为劳务派遣员工，平均年龄只有 26 岁。他们素质良好、文化水平高，学习能力强，但劳务派遣员工的薪酬较低，企业归属感不强，且缺少专业技术等级认定、职称评定等晋升渠道，因此工作热情一直不高，班组成员"361"现象严重（即30%的员工技能拔尖、工作热情较高；60%的员工故步自封、工作热情一般；10%的员工消极落后、工作态度消极）。同时，各类指标的考核也使班组员工压力倍增，情绪化、敏感等缺点也常常在工作中暴露出来，偶尔表现出赌气、攀比的心态。

在电力体制改革的新形势下，各种电力新政策、新要求在不断推出，对供电服务提出了更高的要求，提升窗口服务水平刻不容缓。如何有效激励班组成员的工作热情、提升整体服务水平，这是杜班长此时所面临的难题。

班组任务难下达，动员会成了吐槽会

在每月一次的服务日学习会上，杜班长安排下达本月三项重点工作任务：一是服务队的延伸服务，二是费控协议的签订，三是微信公众号推广。杜班长依据部门例会上分解的任务，向队员传达周末上门服务内容、分配协议签订数量、微信公众号推广数量，规定没有完成任务的队员要扣除奖金。话音一落，队员开始议论纷纷，有的表示会尽力完成任务，有的窃窃私语，更有员工直言强行摊派任务，方式不妥，任务要求太高，无法完成。同时，业务组和收费组的同志之间也产生分歧，收费组队员认为业务组较为清闲，应该多分配指标；业务组队员认为收费组缴费客户多、推广条件便利，收费队员应该多承担任务。当杜班长提及周末志愿服务活动，主动请缨的队员更是寥寥无几。一时间，会议室乱作一团，杜班长无奈说道："这是部门下达的工作任务，必须接受，努力完成！"

> **思考 1** 如何让员工欣然接受公司所下达的工作任务？

轮岗制度初显效，自报公议引共鸣

事后，杜班长自我反思，觉得自己在会上的话语过于强硬。通过深入

分析班组现状并私下走访了解员工思想，她发现收费员与业务员之间存在暗自攀比的心态，抱团现象严重，对彼此岗位的劳动强度存在误解，更严重的是在客户咨询问题上，双方存在工作推诿。

为解决这个问题，杜班长大胆革新，在班里制定了三个月一次的轮岗制度，每位员工在半年内轮流担任收费员及业务员。一个月的轮岗下来，大家对不同岗位的认识更加全面，学会了换位思考。岗位轮换制度既消除了班组内部分歧，又提升了员工综合业务技能，有利于"一专多能"的培养，为以后设置营业厅综合柜台储备了人才。

对于费控协议签订和微信公众号推广绑定这两项工作任务，班组重新召开了讨论会，在会上，杜班长首次采取了"自报公议"的方式，先各自提出自己的任务目标及工作方法，再由全体进行讨论和表决通过。由于岗位轮换制很好地解决了内部分歧，队员有同样的工作平台和岗位机会。所以内部很快达成一致，决定目标设为每周600户，宣传引导工作由引导员、收费和业务窗口共同负责、新设专门窗口负责指导安装、登记抽奖，这种方法不仅提高工作效率，同时也避免了对正常业务的干扰，方案试行半个月后，指标渗透率大幅提升，排名也一跃而上。

但是，杜班长也关注到另一个问题，虽然班组成员的合作增强了，但"361"分化现象仍然很明显。队员觉得，薪酬不高且固定，干多干少一个样，班组中愿意主动学习新型业务并承担额外工作的员工寥寥可数，同时现行制度中缺少相关激励机制。现有的绩效考核办法仅限于迟到早退、工单超时等硬性考核，无法拉开工资差距，因此不能根治队员工作懈怠的问题，而且在周末及中午等班长不在岗期间，大家越发懈怠，形成了无人监督、考核的空档期。

> **思考2** 如何解决班组员工"361"分化问题，以提高劳务派遣员工的工作积极性？

绩效细则添新招，组长选拔填空白

杜班长深知绩效考核不能仅限于对迟到早退的处罚，而应该根据班组实际情况、根据窗口岗位特殊性、根据班组指标任务完成情况来制定。营业厅每日接待客户数量较多，不能单以系统记录的工作量来论好坏，而更应该以员工的柜台表现、业务办理准确率作为考核标准。经过深思熟虑，她完善了绩效考核制度，制定出新的"员工考核细则"，同时设立加分项和扣分项，把"客户表扬""矛盾化解""指标完成""客户推诿""无故离岗""主动加班"等细节都加入工作考评。

绩效制度完善后，可考核标准里的员工表现情况无法通过系统数据反映，而是需要通过日常监督打分考核。杜班长再次有了一个大胆的提议，她向部门及公司人资部申请单独的绩效奖金，在两个组里通过投票和考试的方式，各选拔一位组长，两位组长较班员每月增加300元绩效工资。组长除了纪律维护和客户引导的职责外，负责组内成员每日的考核打分，严格按照新的绩效制度的执行。同时，两位组长实行交接班制度，也填补了周末及中午工作监管的空白。

因为职位晋升和绩效激励，两位组长干劲十足，不仅积极学习新型业务、考察班员日常表现，在班长不在岗的情况下也能独当一面，担起营业厅协调管理的重任。

> **思考3** 新的绩效考核细则与之前相比，为何更能激励班组员工？

员工意见再起，问题尚未根治

改革初见成效，班组工作稳步提升，杜班长稍稍松了口气，但新的矛盾接踵而至。一天，杜班长把一份临时工作任务交给了业务员小胡，小胡很不情愿地接过任务，下班后，几位业务员一起找到杜班长，反映了她们小组的近况：小组成员有8人，有1人正在休产假，1人处于哺乳期，每天休哺乳假会迟到早退，工作任务自然分摊到其他人身上，较平时更为繁重。而组长小张在业务安排上不合理，在考核打分时更是有所偏袒。小胡认为，组长既然每个月多拿工资，这种临时性的工作任务就应该主动承担起来。

组长小张的日常表现，杜班长其实也看在心里，侧面批评了几次，但收效甚微。虽然完成了组里的指标任务，但每个员工的工作热情还是有很大差别，尤其是在周末开展社区志愿服务时，仍然少有人主动参加。回到家里，杜班长开始思索问题的根源……

经过思索，杜班长认为，目前的组长管理机制存在缺陷，选拔机制不公正，缺少考核监督及退出机制，组长缺少考评造成了组长没有危机感，容易故步自封，组长不合格的表现及退任机制的缺失也使其他员工心存不满甚至消极懈怠。看来，组长制度需要改革了！

> **思考4** 如何完善组长管理机制，对劳务派遣员工进行长效激励？

组长选拔再完善，积分制度来保障

一枝独放不是春，百花齐放春满园

小杜班长意识到，只有完善组长选拔制度，为大家提供公平竞争机会，同时针对组长建立考核监督、退任机制、对始终消极怠工的员工建立末位惩戒机制，才能真正调动全部成员的积极性。

说干就干，在新一期的班组例会上，杜班长邀请了部门领导参加，在会上公布了新的"组长竞聘"制度：组长实行季度更换、动态提拔，每届通过"技能考试""组员打分""班长考核"三个环节重新竞聘上岗。同时，对队员实行末位惩戒制度，在服务投诉和指标异常等方面设立了红线指标，针对超过红线指标的队员，处罚其在离家偏远的城郊供电所轮岗一个月，经考试合格后方可重新上岗。

另外，班组创新制定了"员工成长成才积分实施方案"，积分内容分为"基础积分"和"滚动积分"两块，对员工的学历学位、资历、级别等各项基本信息进行基础积分，对"参与志愿活动、文娱活动""主动加班""创新创意""竞赛获奖""新闻宣传"等实行滚动积分。积分对应的奖励为优先考虑组长选拔、调休、优秀团员、优秀志愿者评定等。会上，积分制得到了大家的一致通过。

在公正、透明、细致的制度环境下，皖西路营业厅的团队士气明显高涨起来，班员不再只计较工资奖罚，而是希望通过提升自己获得领导的认可和更好的发展前景，参与志愿活动的主动性也增加了，很多队员通过参加活动感受到志愿服务的快乐，与帮扶客户产生了深厚的情感，把延伸服务开展得有声有色，真正融入这个积极、有爱的团队。

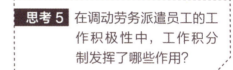

思考 5 在调动劳务派遣员工的工作积极性中，工作积分制发挥了哪些作用？

📖 问题解析

思考 1 如何让员工欣然接受公司所下达的工作任务？

解 析 对症下药化矛盾、"自报公议"定目标。

（1）对症下药，实施岗位轮换。在下达工作任务之前，杜班长掌握班组现状，了解员工心理，意识到员工难以接受工作任务的原因是各个岗位之间缺少合作和认同，导致班组内部不团结，对工作任务进行攀比和挑剔。岗位轮换制度使大家对不同岗位的认识更加全面，学会了换位思考，增强了岗位合作，在接受工作任务时避免了分歧。

（2）采用"自报公议"进行目标设置。本案例中，全体组员以"自报公议"的方式参与到班组目标设置过程中，增加了大家对目标的认可和承诺，有助于目标的实现。

思考2 如何解决班组员工"361"分化问题，以提高劳务派遣员工的工作积极性？

解析 优秀提拔、中段鼓励、末位惩戒。

（1）在保持30%员工的先进性方面，本案例实行"组长选拔"制度为先进员工提供晋升通道，并增加绩效奖金，激励此类员工更加努力提升自己。

（2）在鼓舞60%员工方面，本案例通过对组长实行季度更换、动态提拔，营造公平竞争氛围，带动了中间60%员工的工作积极性。

（3）在激励剩余10%的员工方面，本案例实行末位惩戒制度，设立红线指标。而通过换岗、再教育来实现的末位惩戒机制，是优于末位淘汰得更为人性化的手段，可以有效地给后进者以警醒，激励他们奋起直追。

思考3 新的绩效考核细则与之前相比，为何更能激励班组员工？

解析 个性化定制、精细考核。

（1）个性化定制更切合岗位需求。本案例中，老旧的绩效考核办法仅限于迟到早退、工单超时等通用考核，无法拉开工资差距，员工绩效优劣也无从体现。针对营业厅班组岗位特点，本案例把属于该岗位指标考核和服务质量评价的"指标完成率"和"服务行为"纳入绩效考核细则，更符合岗位需求，体现员工实际服务水平。

（2）精细考核更为全面公平。新的绩效考核结果通过系统数据统计和日常监督打分结合产生，本案例通过组长的设立填补了窗口岗位周末及中午工作监管的空白，保证了绩效制度的有效执行。

思考 4 如何完善组长选拔机制，对劳务派遣员工进行长效激励？

解 析 监管机制约束组长行为、动态竞争机制激励员工进步。

（1）利用监管机制约束组长行为。组长的表现是该制度是否有效的关键，如果失去监督，组长可能故步自封、形同虚设，甚至引发班组矛盾。本案例中，组长一职实行竞聘制度，为组长建立考核监督，鞭策组长正确使用组长权利，努力提升自己。

（2）采用动态竞争机制轮选组长，班组员工机会均等，考核公平，真正做到令员工信服，激发了大家上进的信心。

思考 5 在调动劳务派遣员工的工作积极性中，工作积分制发挥了哪些作用？

解 析 解决平均分配、采用柔性加分、实现长效激励。

（1）解决平均分配。本案例中，用积分制解决分配上的平均主义。把扣钱改为扣分，不会即时影响员工的工资，是人人都能接受、认可的方式。同时，通过扣积分，员工又接受了处罚的信号，有了这套管理体系，大大增强了制度的执行力。

（2）采用柔性加分。本案例中的积分制对"参与志愿活动、文娱活动""主动加班""创新创意""竞赛获奖""新闻宣传"等实行滚动积分奖励，这些内容往往是传统的绩效考核无法纳入和准确衡量的部分，不属于硬性惩罚内容，也不适合从工资总额内抽取其他人的工资用于奖励。用积分的形式进行鼓励，填补了绩效考核的不足。

（3）实现长效激励。本案例中，班组将积分对应的奖励设为优先考虑组长选拔、调休养、优秀团员、优秀志愿者评定等，无须动用薪资奖惩，却对劳务派遣员工起到了很好的激励作用，且能作为一个长效机制伴随员工的成长。

 要点点睛

（1）岗位轮换打破岗位壁垒，增强班组合力。

（2）动态的组长选拔机制和末位惩戒机制实现首尾并顾，带动全员士气。

（3）积分制辅助绩效考核实现了长效激励，激励员工成长。

知识链接

班组成员"361"分化现象

"361"说法源于阿里绩效管理，通常指在一个企业中，综合能力最好的员工占30%，中间的占60%，最末位的占10%；往往10%的员工会被淘汰或更新（摘自《阿里绩效管理之道》）。

任何优秀的团队都不该是一枝独秀，而是缩小"361"分化差距，形成积极团结的氛围。本班组在不断思考、进步的过程中，形成了缩小"361"分化差距的较为成熟有效的措施，具有一定推广价值。一是通过岗位轮换制度打通岗位壁垒，形成班组合力。二是通过"优秀提拔、中段鼓励、末位惩戒"三管齐下，为先进员工提供晋升通道、利用动态提拔营造公平竞争氛围带动中段员工、利用末位惩戒鞭策落后员工，方能辐射全员、百花齐放。

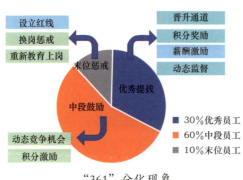

"361"分化现象

焕发老员工新活力
——探索"老龄化"班组多重激励

多重激励奏成效，老龄员工焕新春。本案例描述了班长老李为了解决部分老员工工作积极性不高的问题，在现有的职工奖励考核基础上，从班组层面不断探索新的奖惩办法和激励模式，通过不断改进和优化最终实现对老员工有效激励的过程。

关键词 员工老龄化　多重激励　职工考核

 情景聚焦

老李所在的运维班是 X 市供电公司变电运维室的一个基层班组，担负着辖区众多变电站的日常运维管理工作。班组成员共有 25 人，其中一个显著特点是职工的平均年龄偏高，达 40 岁左右。班组老员工多，骨干力量薄弱，且部分老员工工作积极性不高，这是班组面临的一大困境。

在大力推进智能电网建设的今天，电力系统的智能化水平越来越高，越来越多的新技术投入使用，这也对基层电网员工的技术知识提出了新的要求，需要员工充分发挥主观能动性，提升业务能力，跟上技术的发展。而主动学习型的积极工作心态也正是李班长所在班组的老员工所缺失的。

忽视老员工，工作陷困局

某个工作日的上午，李班长一边查看前一天班组长会议的内容，一边考虑着下一阶段辖区变电站的巡视计划，今年秋检工作任务重，得提早部署，合理安排，细化责任，将各项措施落实到位，各项任务落实到人，要在班组会议上好好动员大家打好秋检这一场仗。就在这时，班组的一名老员工老王敲响了办公室门，老王以年事已高、力不从心以及需照顾家庭为由，申请卸任值长的职务。李班长很惊讶，老王工作二十多年，经验丰富，在值长的岗位上一向认真负责，能出色的完成本职工作，所以当即苦口婆心的劝阻，希望老王回去再好好考虑一下。

如何管理老员工与青年员工是目前摆在李班长面前的难题，李班长皱着眉头陷入了深思……青年骨干力量薄弱，部分老员工工作积极性不高，即使像老王这样负责任的老员工，也逐渐失去了工作热情。李班长想起以前给班组员工开动员会的时候，自己常常忽视了老员工群体，单单在青年员工身上"下功夫"，工作慢慢陷入困局，看来，是时候迎难而上了。

重视老员工，困局有转圜

如何调动起老员工的积极性呢？办法总是想出来的。李班长在班组会议上说："大家共同组成了我们班组的大家庭，家庭嘛，都是有老有少的。我们的老成员，在过去是家族的屋脊梁，现在，你们精力或许比不了年轻人了，但依然是我们坚固的屋面梁……现在青年人承担着主要工作，但人的力量毕竟有限，时间上、精力上都无法做到事无巨细、面面俱到，班组的工作内容特殊，不能有丝毫的疏忽。老师傅们多年来积攒了宝贵的现场工作经验，活到老学到老，如果能积极学习新业务知识，继续发挥工作热情，同时帮带一下新员工，充分做好辅助和培养工作，班组优良工作作风能够更好地传承和发展……"这一番思想动员下，青年员工深感赞同，老员工也有些动容，大家纷纷点头表示以后要互相帮助，让班组进入更加良好的运转状态。会后，李班长还单独找了几个老员工谈心交流，希望消除他们消极怠工、得过且过的心态。然而，动之以情、晓之以理的动员激励管得了一时，管不了长久，大家齐头并进地工作了一段时间后，老员工们又恢复常态，依然是上班时间出工不出力、我行我素，既降低了工作效率，也影响了其他班组成员的工作积极性。

如何采取针对性措施，打破这个困局，是摆在班组面前的一道难题。在与老王谈心交流中，李班长了解到老王的小儿子今年高三，面临高考升学，因为值长比普通值班员责任更重、工作量更大，老王经常二十四小时不在家，不能很好地照顾家庭。老王对常年重复一样的工作也感到厌倦，渐渐失去了热情。加之学习新的工作方式也比年轻人要慢。老王思量着不如把重心转移到家庭上，班组的任务让青年员工多承担一些，锻炼年轻人。

老王时常困扰于孩子的学习问题，班组今年新进的大学生小张是名牌大学毕业的研究生，老王常向小张询问一些心态调整和学习的方法，这一切李班长看在眼里。突然李班长产生一个想法，让小张在轮休的时候给老王的孩子辅导功课，让老王可以放心工作，同时还能在班组里更积极地指导小张，这真是一个一举两得的好办法。向两人提出这个建议后，事情朝着李班长预想的方向发展，老李看到小张牺牲休息时间，敬业地扮演者家庭教师的角色，认真地辅导功课，十分感动。报之以李，老王也在班组中耐心细致地教导小张。后来，老王决定继续担任值长，在班组发光发热，给青年员工铺好路，工作上相互扶助。李班长深感欣慰，决定好好利用新员工和老员工各自的优势，将同事互助从工作延伸到生活。

大家都很赞许班组内这样人性化的做法，组员关系逐渐变得和谐融洽。但这仅仅解决了一小部分问题，没有从根源上起到激励作用。老李深感班组的工作模式和激励制度还需要变革完善，单纯的思想工作不是长久之计，需要采取更丰富的方式，激励大家满怀热情地快乐工作。

思考 1 部分老员工的积极性为什么没有被调动起来？

多重激励，成效显著

调动老员工的积极性迫在眉睫，结合之前的经验教训，李班长从班组抽取青年骨干，组建了"班组激励制度"工作小组，这一次小组精心筹备，广泛征求班组成员的意见，从实际出发，建设，合理取舍，突出重点，构建班组激励机制，激励机制覆盖班组所有员工，但着重落点在于老员工，希望形成一个良好的循环反馈系统。老员工在班组中工作不积极与班组对其不重视相互作用，相互影响，要提高老员工的工作积极性，首先要让他们最大程度地参与到班组事务上来，树立主人翁意识，在群策群力之时，班组才不会缺失老员工的力量。对班组情况和激励理论进行研究后，小组决定采用多重激励。

1. 情绪激励

工作小组强化班组成员日常感情交流沟通，注意协调青年员工与老员工的关系，让老员工情绪上得到满足。及时了解老员工的思想动态，让他们感受到集体的温暖，增强集体的归属感和责任感。

工作小组关心老员工的生活。在制定工作计划、分配工作任务时，班组将老员工阶段性个人健康、家庭生活等方面情况因素考虑进去，一同协调这一阶段的工作量，并在《组员"个人情况＆业务分配"记录册》上留下相关记录。

2. 学习激励

努力营造班组良好的学习氛围，树立团队意识。每日交接班及月度安全会作为分享、交流、培训的固定时间。专项工作负责人注重工作经验技巧总结，并及时记录，定期分享交流，相互学习，培养班组成员一专多能。老员工积极学习新业务，注重经验传承、指导，结对帮扶，共同学习进步。

3. 角色激励

将青年员工和老员工分成若干小组，每月订立一个主题，在每周的班组会议后抽出一小时举办"班组小课堂"，以老员工授课为主，针对本月的主题或近期的工作事件进行授课分享，让老员工在授课中，把优秀的工作经验和业务知识分享给大家，在班组形成尊重拥有丰富经验的老师傅的氛围。青年员工主要分享新的业务知识和技能，新老之间取长补短，形成良好的师徒氛围，激励老员工扮演好老师的角色。

4. 荣誉激励

工作小组在班组内部开展奖评。评选"班组小课堂"的优秀授课老师、班组月度工作中表现优秀的、承担工作多的优秀员工等，并与日常工作绩效一起计入月度绩效考核，这样的荣誉激励不仅是精神激励，也是物质激励。

通过以上多个方面激励后，班组的工作氛围得到了很大改善，绩效考核时，也不再总是青年员工拔得头筹，老员工的工作积极性得到了有效的激发。

> **思考2** 班组采取的多重激励有什么优势？

 问题解析

思考1 部分老员工的积极性为什么没有被调动起来？

解 析 积重难返，阻力重重。

（1）工作环境和工作职责日新月异，老员工需要花费精力适应新的岗位变化，工作效率降低。

（2）部分老员工长期从事一个岗位，导致对工作失去热忱和新鲜感，存在着得过且过的心态。

（3）部分老员工感觉没有进一步的上升渠道和动力，工作积极性进一步下降。

综合以上多种因素，单一的、简单的激励措施无法改变现状，必须综合考虑，对症下药，才能真正挖掘老员工的工作潜力。

思考2 **班组采取的多重激励有什么优势？**

解　析 **精神与物质相结合，学习与分享促成长。**

真正有效的激励是一个系统的、完整的、长期的、良性循环的机制。

（1）情绪激励要加强内部沟通，关心老员工的思想情绪。班组要充分考虑到部分老员工家庭负担重，想办法帮助他们实现工作和家庭的平衡，同时给予他们足够的尊重和理解，这样才能使得老员工更加积极主动地投入到工作中。

（2）学习激励需营造良好的学习氛围，提供分享、交流、学习的平台。鼓励相互学习分享、结队帮扶，经验传承。

（3）角色激励，班组层面努力提供授课和培训的机会和平台，并让老员工充分参与到其中，培养他们的主人翁意识，让其好为人师，乐于分享。

（4）荣誉激励是物质奖励和精神奖励相结合，对于表现优秀的老员工应该公开表扬，并给予一定的奖励，同时做到惩罚分明，对于违反劳动纪律的成员应该严肃并执行相关考核办法。

这些激励措施既给老员工提供了发展平台，也帮助他们提升工作能力，同时努力做到关心老员工的工作情绪。班组是一个集体更是一个大家庭，大家各司其职，老员工增强自己的主人翁意识，充分发挥个人所长，才能和班组共同进步。

要点点睛

（1）老员工需要的是激励，不管不问解决不了问题。

（2）多重激励，重在结合实际，可操作性强。

（3）针对不同老员工的激励要多样化，并随着时间和工作环境的阶段性变化而变化。

 **知识链接**

激励理论有三大类型，其中每种类型又分为多种流派，具体分类如图所示。三种激励理论都有其局限性，尤其是内容型激励理论，强调的是人的内在因素"需要"。在一个企业当中，内容型激励理论针对较低层次的需要来说是相对好实施的，比如工作环境的改善，福利制度的完善。而对于较高层次的需要，尤其是在精神层面，就要考虑较多的个体因素，实施起来就比较困难。另一个问题是，个体的需要在某些情况下与企业的需要是很难保持一致的，比如员工都希望涨工资当领导，而企业肯定想控制成本，择优上岗，这本身就是相矛盾的。再者，如果员工的需要一旦被满足了，也就没有被激励的动力了，而且人的需要是随着时间和所处环境的不同随时发生变化的，企业很难去实时把握这些"需要"。

过程型激励理论则主要侧重于外因，强调动机和行为的选择，以及转化人的行为使之能达到组织的目标。过程激励理论重视的是激励的方法和过程，忽略了人的内因。

行为改造激励理论是从考虑积极行为的引发和保持出发，着眼于消极行为的改造转化，表现上看是将内因与外因相融合的一种理论，但缺失了激励本身应该考虑的具体实施方法的问题。

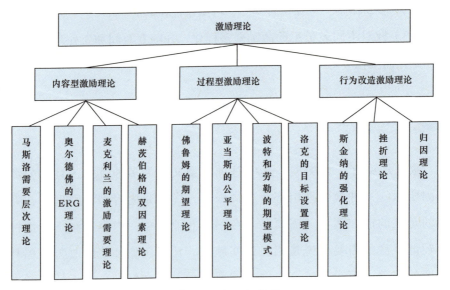

激励理论三大类型

第五章

绩效管理

◎ "业务尖子"班长升级打怪之路

◎ 我的绩效我做主

"业务尖子"班长升级打怪之路
——班组人员绩效管理引发的思考

绩效考核全覆盖，自主管理促提升。本案例描述了"业务尖子"吴班长面对班组员工对薪资和奖金抱怨，通过对员工绩效管理方案的深入思考，创建了一个能够满足员工需要的平台，最终真正激励员工，实现高绩效管理的过程。通过案例分析，改善了传统合约绩效存在的不足，并以此为基础，加入作业绩效与执行力绩效，由过去的"出工不出效"转变为如今的工效全面考核，最大化调动员工积极性，使班组成为员工的"精神家园、乐业福田"。

关键词　自主绩效管理　合约绩效　创效行为

情景聚焦

　　E省检修公司A运维站运维一班，现有成员18人，平均年龄28岁，是一支朝气蓬勃、斗志昂扬的年轻队伍，目前负责所辖变电站例行巡视、带电检测、隐患排查、机器人维护、倒闸操作等运维管理工作。

开完工区管理会议，面对工区下达的新一年绩效管理任务，新上任的"业务尖子"吴班长显得胸有成竹。高质量绩效管理不仅可以充分调动员工作积极性，还能推动标准化建设和班组精细化管理的深入开展。如何通过开展班组绩效管理将班组人员的积极性调动起来，也是班组长工作的重点内容。

全员动员收效甚微

和往常一样，吴班长召开班组动员会，会上吴班长向班组成员宣贯本次绩效周期内要达到的工作目标，并将其分为量化和非量化两个部分。根据岗位不同对具体工作进行了分工安排，同时也慷慨激昂地表达了自己对于本班组完成本年指标的信心。经过半个绩效周期的实践，员工的抱怨更多了，"为什么我干了这么多不是我拿 A 而是他拿 A？""这个月倒闸操作都集中在我们值，怎么到了月底绩效完全没有体现？""付出与收获不对等。"全员议论纷纷，资历尚浅的班员依旧承担着站内大部分工作，绩效结果出现了轮流坐庄现象，班员对实施绩效管理的认可度不高，绩效激励作用不明显，员工产生抵触情绪，没有调动好班员工作积极性。

> **思考 1** 本班组绩效管理中存在的问题有哪些？

建立合约绩效，初次告败

由于前期会议动员效果甚微，吴班长起草了班组自主型绩效管理1.0 版，其核心为合约绩效，班组与员工形成"默契"合约，随后与每个人签订绩效合约，对员工承担工作的质量、成本、时间方面的标准进行约定，衡量员工总体工作水平，但并未针对每项工作逐一制定目

标要求。因为绩效合约签订和
实施都比较突然，班组成员也
都没有放在心上，依旧我行我

思考 2 吴班长的合约绩效为什么没能顺利实施？

素。同时，很多考核未能真正实施落地。吴班长的这次合约绩效最终流于形式。

自主型绩效管理 2.0，成效显现

由于自主型绩效管理 1.0 没能顺利实施，吴班长开始着手自主型绩效管理 2.0 编制，在签订个人绩效合约时，充分考虑每位员工的特点，同时加入作业绩效，根据工作计划将全班工作负责人和工作班成员排队，进行流水排号出勤，树立"工作负责人"是作业现场第一指挥官，现场作业后对工作班成员表现进行分数考核，真正实现多做事多得分，不做事不得分，做不好事倒扣分的自主绩效管理。

吴班长随后组织了班上骨干组员及工区专责对将自主型绩效管理 2.0 初稿进行了讨论，讨论后大家一致同意把奖金纳入班组考核，同时完善了具体的实施细则。绩效管理 2.0 讨论稿形成后，吴班长又组织了全体班组成员召开绩效管理 2.0 的讨论会。首先向每位员工说明自主型绩效管理 2.0 的具体考核标准，把事先制定好的考核标准公布出来，明确当月绩效直接与考核扣分挂钩，对扣分较多的员工进行惩罚，并将罚金奖励给当月工作表现较好的员工。为了起到带头示范作用，班组长只扣钱不参加奖励。其次组织全体组员对自主型绩效管理 2.0 进行了投票表态。考核方案经投票通过后，吴班长组织班组部分员工组成考核委员会，负责考核工作的具体执行。虽然考核方案是大家集体讨论通过，面对第一个月的考核结果，班组成员也有所议论，对吴班长实施的自主型绩效管理 2.0 有赞赏的，也有批

思考 3 吴班长的自主型绩效管理 2.0 有什么亮点？

评的，但是总体来说，激励效果明显。高奖金的员工非常高兴，自己的努力得到了肯定，被扣掉奖金的员工虽然嘴上抱怨，但之后的工作也渐渐变得积极起来。

多劳多得，赏罚分明

通过严格实施自主型绩效管理2.0，现在吴班长所在的运维班的工作票、操作票合格率由原来的75%提高到95%以上，两票工作很少出错。班组成员会争着做事，争着让班长给自己安排任务，班组很多工作都能提前完成。同时吴班长将老员工纳入班组精细化管理，吴班长将执行力绩效加入绩效管理中，将常态化的班组建设工作进行分解，考核内容涵盖安全生产、标准化作业、缺陷管理、资料归档、培训竞赛、专题工作、党群宣传等，根据员工特点分配到全员中，让大家意识到班组综合能力提升，需要大家共同参与和努力。

 问题解析

思考 1 本班组绩效管理中存在的问题有哪些？

解 析 绩效考核不等于绩效管理。

绩效考核是绩效管理的一个环节，但绩效考核绝不等于绩效管理，完整的绩效管理包括绩效计划、绩效考核、绩效分析、绩效沟通等方面的管理活动。吴班长由于日常忙于一线生产工作，对绩效管理知识掌握不全面，片面认为绩效考核就是绩效管理，在进行绩效考核时，并没有系统、完整地思考绩效管理的方式方法，而更多关注的是如何考核员工，考核结果如何同员工的工资挂钩，把大量的精力用在了考核员工的绩效上，所以最初吴班长未能通过绩效管理来调动员工的积极性。

思考 2 吴班长的合约绩效为什么没能顺利实施？

解 析 合约绩效流于形式，未能奏效。

采用合约绩效的方式能够让班组成员自觉完成班组工作，吴班长的出发点值得肯定，但是却没有取得成功，是因为吴班长在实施过程当中出现了一些问题，具体如下：

1. 方案缺乏认可，执行力度不佳

吴班长最初推行的方案，没有征求班组成员的意见与建议，直接实施，缺乏群众基础，很难被班组成员认可，班组成员对考核方案的不予服从。

2. 考核力度欠缺，未能实现工作业绩与绩效全挂钩

吴班长推行的方案考核力度不大，亦未能合理有效地运用考核结果，没有真正实现业绩与绩效全挂钩，未引起员工的重视，无法在班组管理中顺利实施。

3. 推动力度不强，考核流于形式

吴班长推行的二级考核只是在自己部门内部制定、执行，同时推动力度也较小，考核仅仅是流于形式。

思考 3 吴班长的自主型绩效管理 2.0 有什么亮点？

解 析 全方位考量，着重实施。

吴班长在自主型绩效管理 1.0 基础上进行了较大的改进，通过将"全员、全过程、全方位"纳入班组绩效管理，实施"管理大分工、任务大流转、绩效全覆盖"，主要亮点如下：

1. 抓转变

（1）班长带头树立强烈的绩效意识和危机感，充分认识到自主型绩效管理的重要性、紧迫性，有力推动班组绩效管理。

（2）全面建立规范绩效考核与办法，合理安排工作，充分调动全员参与班组建设工作。

（3）加大沟通力度，严格按劳取酬、按质取酬、按效取酬，使班组成员自觉执行绩效管理，服从全局工作大局。

2. 抓考核

每个月按时召开班组绩效改进会，由班长按照量化的绩效成绩，及时对当月个人的工作做出评价，同时公布个人本月绩效分数，有针对性地指出工作的不足及改进措施。班组改进会有效地激发班组成员的工作积极性，在内部形成了"比、学、赶、超"的绩效管理新局面。

3. 抓实施

班组绩效由过去单纯的"工分制"绩效管理过渡到综合全面的自主型绩效管理，由过去的"出工不出效"过渡到现在的工效全面考核。

（1）将安全生产、班组建设等全面纳入绩效管理，实现绩效全覆盖。

（2）实施管理大分工，人人都参与，明确主体责任，体现绩效管理的刚性。

（3）将作业与管理全面量化，全面细分，实行模块化计分，实现了绩效管理的量化。

要点点睛

（1）绩效考核只是绩效管理的一个环节，绩效管理是一个通过持续沟通和规范化管理不断提高员工绩效、提升员工能力和素质的过程。

（2）合约绩效有助于营造"个人承诺、群策群力，鼓励创新、追求卓越"的高绩效文化，需要得到认可，并在考核中严格执行与落实。

（3）自主型绩效管理激发了员工危机意识、责任意识和工作热情，使员工能保质保量完成班组生产任务，整体提升班组管理水平。

知识链接

阿米巴经营管理模式

阿米巴经营就是以各个阿米巴的领导为核心，让其自行制定各自的计划，并依靠全体成员的智慧和努力来完成目标。阿米巴经营为利润负责，工作量与薪资实现一等一挂钩，引导员工树立正确的工作观，树立企业文化，集中人心，统一思想，进而帮助企业发展。这种为利润负责的阿米巴经营管理模式，在无形之中让企业员工心往一处想，力往一处使，共同为了企业的利润奋斗，避免了一些不必要的争执。

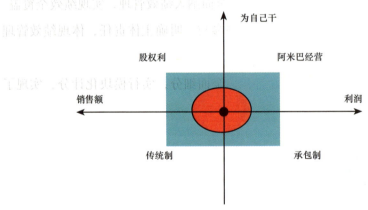

阿米巴经营模式

我的绩效我做主
——以分计酬"1+N"，工作积分指标库的"变"与"不变"

 摘　要

工作积分合理关联，以分计酬有效激励。本案例描述了班长章军在员工工作积分制考核过程中遇到的问题及其解决过程。依据班组工作特点建立考核指标体系，通过修订现有工作积分制，抓住岗位关键指标，以工作基础分值、工作质量指标、关键事件考核指标、员工行为考核指标、奖励加分指标五部分为考核依据，明确绩效考核内容和标准、考核流程、奖金分配以及监督检查各项工作要求，建立工作积分"1+N"管理模式。有效地将班组管理目标转化成可以考核的标准，将员工行为和班组管理紧密结合在一起，不断增强班组的竞争力和管理水平。

 关键词

以分计酬　绩效考评　工作积分库

🕐 情景聚焦

大客户经理班是 XX 供电公司营销服务的专业班组，主要负责城区及

"龙湖、凤凰山、滂汪"三个工业园区的高压业扩项目。由8人组成的班组具有团结实干、开拓进取、顽强拼搏、敢打硬仗的精神，曾多次受到公司及上级部门的表彰和奖励。

最近，身为班长的章军一直被一个问题困扰着，原本相处非常融洽的班组总感觉出了点什么问题，以前分配工作任务时大家都非常积极主动，而且都能高质量地完成，但最近一个月以来，感觉部分班员对分配的工作任务有消极情绪，对分配的任务挑三拣四，工作积极性不高。到底是什么地方出了问题，怎样提高班员工作积极性和战斗力成为摆在班长章军面前的一个难题。

班组例会上的不满

2018年3月2日，班长章军召开班组月度例会。章军首先向班员介绍了本月班组的主要工作任务和工作计划，最后按照惯例向大家通报了2月份班员们的月度绩效考核结果，大家看到通报的结果，七嘴八舌地讨论开了。

李彤："班长，咱班上实行工作积分制，看似公平，但是我认为工作分配并不合理。我这个月的工作任务都是小区和专线业务，在工作积分指标库里，这些工作的标准分值是3分，但专用变压器业务的标准分值也是3分，大家都知道同小区、专线业务相比，专用变压器业务无论是系统流程还是需要协调的部门、组织的范围都要容易多了。如果再这样下去，你以后别将小区和专线的工作分配给我了。"

刘洋："对，我觉得也是。虽然大家每人手上的工作数量差不多，但是难易程度完全不一样，积分相同的话，不能反映出每人真实的工作量。"

章军说道："工作积分指标库的制定当时都是征求了大家意见的，现在的这种统计计分方法是有依据的，针对你们提出的问题后续我会考虑改进的。"

验收回来的路上

2018 年 3 月 20 日，班长章军和班员李彤在一起对小区进行现场验收。在任务结束回公司的路上，章军和李彤闲聊了起来。

李彤："今天一上午就验收了一个小区，要是专用变压器至少能验四五台，这小区都是第二次复验了吧，还有 5 条缺陷整改的不合格，下次还得来一次。"

听到这，章军笑了笑说："是啊，小区的验收是比专线、专变复杂多了，不仅高压柜、变压器这些设备的数量多，验收的范围也比较广，还得协调配电、计量、信通等各个专业，流程中一旦发生户台关系错误也会造成线损不合格。"

说到这，班长章军突然一惊，他收住了笑容，陷入了沉思。他将最近分配的工作任务仔细地在头脑里梳理了一下，难怪一分到小区任务时大家都有抵触情绪，原来问题的症结在这儿呢。

回到办公室，章军找来班组工作积分指标库，仔细地在工作积分指标库中搜索着每项工作任务。他惊讶地发现，工作积分指标库没有对班组的工作类型进行分类，而班组里的工作难易程度确实存在着比较大的差异。特别是小区业务从开始办理到最终送电，周期较长，而专用变压器业务则相对简单，所以大家都更愿意完成专用变压器业务。

思考 1 班组绩效管理存在哪些问题？

调整积分库 建立"1+N"工作积分制

章军分析出班组内部出现的问题与工作积分指标库的工作类型和标准分值有关后，立即广泛收集意见，并组织全体班员召开工作积分指标库修订讨论会，重新对工作积分指标库进行修订。

　　章军："根据大家的意见对班组积分库进行了调整。我们先设定一个基础分值，在基础分值上，我们再对工作质量、关键事件、员工行为、奖励加分这几个维度分别评价。基础分值是将班组的工作按照重要性、难易程度、电压等级、电源类型等因素进行分类，分别取 0.8 ～ 1.2 的系数，再乘以 90 分的基础分来获得。"

　　刘洋："那如何评价呢？"

　　章军："工作质量指标就是业扩报装的规范性和时效性。规范性是以流程异常、超时情况和办理过程中出现的差错作为考核点。工作时效性就以去年平均时限的 90% 来确定基准值，缩短了就奖励，延长了就惩罚。积分库中我们还设置了安全生产、优质服务、党风廉政等红线要求，触碰红线的'一票否决'。触碰红线的员工不仅考核月度绩效，年度的评先评优资格也将被取消。"

　　李彤："班长，你也得考虑给大家加加分，不能都是考核吧。"

　　章军："放心吧，早考虑到了。技术比武获奖、完成额外任务、重点工作、质量事件、QC、专利、发表稿件这些事项都会加分。你参加省公司竞赛获得第五名，你就获得加分，同时，其他帮你分担工作的人也会有相应加分。"

　　李彤："这样合理，那以后班上的积分制就这么来。"

　　修订后的积分库，得到了大家的一致认可，新的积分库抓住岗位关键指标，以重点工作、关键指标、日常工作、临时工作和配合工作的完成情况为考核依据，明确绩效考核内容和标准、考核流程、奖金分配以及监督检查各项工作要求，依据其业扩办理的规范性、时效性等工作特性，建立考核指标体系。通过对工作基础分值、工作质量指标、关键事件考核指标、员工行为考核指标、奖励加分指标五部分进行考核，将班组管理目标转化成可以考核的标准，将员工行为和班组管理紧密结合在一起。

> **思考 2** 修正后的积分库优化了哪些方面？

以分计酬"1+N"，实现薪酬正激励

又到了月度绩效考核公示的时候，公示栏前几个人正热火朝天地讨论着。

刘洋："李彤，这个月你拿的比我多了 500 块，快说说，你都干了些什么？"

李彤："你自己看呀，后面都有明细，我负责的几个项目都没有出现异常数据，而且在整个业扩流程时间上都缩短了不少。"

刘洋："我的也不差呀，那奖金也不能差别那么大吧。"

李彤："你看，这个月我负责的 2 个小区业务送电了，而且我的加分项也比较多，你看，我有两篇通讯稿，分别在国网电力报和人民网上发表了。前段时间写的一项专利这个月也下来了，都兑现到了加分里。"

刘洋："原来是这样，想要获得加分不仅得完成手上的工作，还得多完成班组的其他工作。对了，这周末有推广'国网 G 电力'微信公众号的社区活动，我找班长报名参加去。"

通过"1+N"工作积分指标库的修订，使得大客户经理班在工作中能够准确衡量出每个人的劳动价值，做到了以分计酬、优绩优酬，从而激励班组员工持续改进工作业绩，充分调动班员工作积极性，发挥绩效薪金的激励约束作用。绩效分值差距 10 分，员工月度奖金差距达到 500 元。有效彰显出了薪酬分配的激励约束作用。

> **思考 3** 以分计酬"1+N"工作积分制为什么能取得成功？

问题解析

思考 1 班组绩效管理存在哪些问题？

解 析 未根据班组工作特点，建立正确、公平、合理的积分指标库。

班组绩效管理采用积分制考核，能够明确员工工作标准、考核方法。通过对不同岗位人员工作进行量化、细化，做到工作积分的统计，分分有制可依，分分有据可查，帮助班组转变"干多干少一个样、考核不考核一个样"的管理困局。

组工作积分指标库就是通过建立定量考核的管理模式，对班组业绩目标和任务进行分解，从而合理确定每项工作的定额分值，根据员工岗位的不同进行量化，形成标准考核要项，客观公正的评价员工的工作业绩，奖勤罚懒、奖优惩劣，有效改变绩效考核存在的"干多多扣""干少少扣""不干不扣"的不良现象，提高班组精益化管理水平。

本案例中，班组初期虽然采取了工作积分制的绩效管理方式，但是在实施过程中出现了一些问题，具体如下：

（1）工作积分指标库在制定时虽然履行了民主程序，但是在各项工作标准分值的确定方面，没有充分考虑各项工作在技术含量、复杂程度、协调范围和安全风险方面的因素。

（2）相同类型的工作所获得的积分，没有进一步针对各项工作中班组成员所承担的角色系数、难度系数、时间系数，统计出考核指标系数，未能进一步细化归类。

（3）工作积分指标库修订不及时，没有及时根据新业务的出现、流程的新要求对相关考核标准进行修订。

诸多因素造成了班组初期所实行的积分制考核流于形式，实际应用并不理想，员工之间薪酬差距并没有与实际工作价值相匹配，严重影响积极优秀员工的工作积极性，所以考核结果也无法得到员工认同。

思考 2 修正后的积分库优化了哪些方面？

解 析 提高绩效认知、完善考核体系、明确管理原则、制定科学方法。

1. 提高了员工以分计酬绩效管理认知

组织全体员工召开工作积分指标库修订的讨论会，集思广益、广泛讨论，重新对工作积分指标库修订，出台班组新的积分标准。通过班组宣贯的方式，不仅班组长清楚修订依据，更让员工充分接受指标库积分标准。在全员修订积分指标库过程中，一是加强员工对自己岗位的深刻认识。编制岗位说明书，对岗位职责进行有效梳理和合理分析，获得科学可靠并且可量化的数据，经过员工的认可，形成适用于实际的岗位说明书，使各个岗位的员工清晰了解本岗位的职责范围和考核依据；二是让员工对班组管理目标具有清晰的认识。员工归属感不强的情况下，往往只着眼于手头的工作。尤其是职位较低的员工，通常是一个执行者的角色，很少关注班组的其他工作，甚至会对班组实施的以分计酬管理产生反面认知，认为是扣减了自己的工资。因此需要将班组的管理要求、目的对全体员工进行宣贯，使每个员工在企业发展和班组建设中，找到自己的方向、定位和作用。

2. 建立了公平、合理、科学的薪酬分配制度

建立和完善班组公平、合理、科学的薪酬分配制度，根据组织绩效、员工绩效结果，坚持多劳多得，实现个人目标与组织目标匹配。绩效管理是提高内部薪酬分配效率的中心环节，绩效工资并不是单纯地进行利益分配，通过绩效管理发现问题，改进问题，找到差距从而有效提升，促进企业与员工的共同成长。

3. 明确了以分计酬绩效管理原则

绩效管理本质上是一种过程管理，而不仅仅是片面地对结果的考核。不能将以分计酬的绩效管理与简单的直接绩效考核概念混淆，导致认识上的偏差和思想上的混乱，影响绩效结果落地。修正后的工作积分制，明确了需要通过考核解决什么问题、达到何种目的。在实施过程中，通过制定计划、执行、检查、处理的 PDCA 循环过程，不断发现问题、改进问题，提高员工的参与感、工作积极性和满意度，鼓励员工通过自身努力，选择有挑战性的项目，充分展示个人工作能力、创新精神和综合素质，积累工作业绩，让积分更高的员工在绩效考核中不断受益。

4. 制定了科学的以分计酬考核办法

绩效考核办法是绩效考核的纲领性文件，班组绩效管理过程中，按照"定量不定性"的原则，通过四定管控（定细计划、定准目标、定清责任、定期反馈），对考核指标进行动态修正。让每一个员工的目标任务"跳起来能够得着"，使得人人身上有担子、个个心中有压力，形成事事有人干、人人有事干、你追我赶、奋力向上的浓厚氛围，激发员工潜能和工作热情。

思考3 以分计酬"1+*N*"工作积分制为什么能取得成功？

解 析 实现薪酬正激励、调动比拼新活力、提高员工满意度。

修订后的以分计酬"1+*N*"工作积分制，抓住岗位关键指标，以重点工作、关键指标、日常工作、临时工作和配合工作完成情况为考核依据，明确绩效考核内容和标准、考核流程、奖金分配以及监督检查各项工作要求。依据班组工作特点来建立考核指标体系，通过"1+*N*"工作积分制（1 指工作基础分值；*N* 指工作质量指标、关键事件考核指标、员工行为考核指标、奖励加分指标等）有效将班组管理目标转化成可以考核的标准，将员工行为和班组管理紧密结合在一起，不断增强班组的竞争力和管理水平。

工作积分 = 工作基础分值 × 工作质量指标 + 关键事件考核指标 + 员工行为考核指标 + 奖励加分指标

1. 收入能增能减，实现薪酬正激励

班组绩效管理坚持岗位薪酬与业绩考核相结合，薪酬发放与考核结果和贡献挂钩。通过开展以分计酬"1+*N*"工作积分制，有效拉开班组成员之间绩效分值和月度奖金，实现了收入能增能减的目的。实现薪酬分配向核心岗位、业绩优秀人员合理倾斜，促进了传统保障型薪酬制度向创新激励型薪酬制度的转变，彰显了薪酬分配的激励约束作用。

2. 员工争先创优，调动比拼新活力

用业绩说话，用成效衡量。"1+*N*"工作积分制的设定丰富了班组员

工绩效管理的内涵，改变了月度评价"轮流坐庄"的潜规则，增强了"绩优员工"的说服力，让业绩突出的员工得到了实实在在的"实惠"。建立员工向"优秀"看齐、争当"绩优员工"的比拼机制，展现了员工良好精神风貌。

3. 薪酬差异分配，提高员工满意度

薪酬分配差异对员工工作满意度会产生积极的影响。积极工作的员工从收入和心理上得到平衡，会更进一步激发其积极性；部分表现一般或较差的员工，较低的薪酬促使其积极工作，为班组长管理提供抓手，有效提升管理成效。

 **要点点睛**

（1）岗位薪酬与业绩考核相结合，薪酬发放与考核结果和贡献挂钩，实现薪酬分配向核心岗位、业绩优秀人员合理倾斜。

（2）绩效管理本质上是一种过程管理，而不仅仅是对结果的考核，绩效管理是一个不断发现问题、改进问题的过程。

（3）班组建设要抓住岗位关键指标，以目标为导向，有效将班组管理目标转化成可以考核的标准。

知识链接

双因素理论

赫兹伯格提出的双因素理论对管理工作有很大的启示作用，使员工感到满意的一般是工作本身或工作内容方面的因素，即激励因素；使员工感到不满的一般是工作环境或工作关系方面的因素，即保健因素。消除员工不满并不一定达到员工满意，同样，员工满意也并不是一成不变的，由于某些客观因素存在，也可能导致员工不满。根据此理论，在实际工作中，欲使薪酬成为激励因素，必须使薪酬与职工的工作绩效相联系，如果采取不讲岗位和职工绩效的平均主义"大锅饭"做法，奖金就会变成保健因素，奖金发得再多也难以起到激励的作用。同样，对一个岗位而言，如果长期为一个人所占有，又没有来自外部的竞争压力，该职工的惰性就会自然而然地释放出来，工作质量随之下降，因此，为激发职工的工作潜能，应从上而下制定竞争机制，贯穿到工作过程的始终。

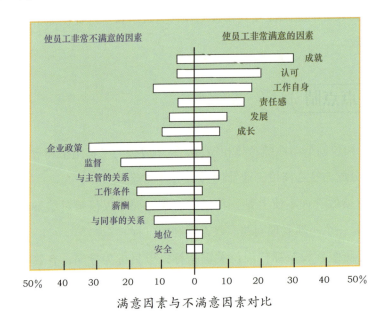

满意因素与不满意因素对比

第六章
综合管理

肖班长的旁敲侧击引导技巧
——"三"管齐下促班组进化

 摘 要　　沟通讲究方法，绩效考核需公平有效。本案例描述了肖班长在迎接检查之际，通过对班组沟通、绩效考核以及高压用户相关台账管理方法的探索，有效提高了班员的工作积极性、提升了绩效管理实效、完善了台账管理制度，也是一次对生命体班组建设的成功探索。

 关键词　　侧面沟通　绩效考核　台账管理

情景聚焦

　　来到 C 市供电公司高压用电检查班的门口，我们可以看到挂着三块牌子：高压用电检查班、反窃电班、电力保障班。班组每天的工作任务量较多，种类繁多，可是班组只有四名成员，每天常常可以看到大家从外勤回来，刚喝口水，又得出下一个外勤。虽然大家对于每个任务都保持着认真负责的工作态度，但时间久了，也难免力不从心。

迎检查组，矛盾初现

"怎么这样，检查组又要来了呀！"每周五的班组安全生产例会上，年轻的小孙嚷叫道。"他们就是太闲了，就不晓得下面的人服务用户有多忙，他们下来了，还得花时间陪他们。"班上快退休的徐师傅也是抱怨不断。而新来的小汪则在一旁暗中观察。肖班长立马安抚道："话可不能这么说，站在检查组的角度，不也是希望下面的人把工作干好，规范细致起来嘛。我们拿着这份工资，工作上负责任也是应该的啊。""可就算干得再好，他又不奖励我钱。我不管，我可以保证负责任地完成我平常的工作任务，其他事我不参与。"小孙对此表示不屑。会后，肖班长自己琢磨着，小孙性格鲁莽，这么说话也不是一两次了，这次迎检查，少了他参与，也不是说工作无法完成，但是长此以往，势必会惯坏他。而且班组的工作任务不是一成不变的，仅仅完成日常的工作任务是不够的。如何让他融入班组的工作中，提高他的积极性呢？而徐师傅呢，虽然没多说，不过他都快退休了，总不能当年轻人使。唉，还是小汪比较听话。也许，是时候调整绩效考核的力度，提高班员的工作积极性了。不过，我们班四个人干着高压用电检查、电力保障、反窃电三个班的事情，平常还要配合其他部门的各种工作，提交各种报表，本来压力就大，突然调整他们的工资，小孙肯定会闹意见……看来，还是得从小汪入手，做点铺垫。

沟通考核，双管齐下

第二天中午，临近下班，肖班长来到小汪办公室。"看书呢，小汪。年轻人就要多学，多做，不能怕累，累了睡一觉就好了，不能跟小孙一样总是抱怨。唉，其实小孙这个人吧，你别看他吊儿郎当的，但业务能力很强，他以前考高级工这些职称，还有钻研业务难题的时候，那认真劲，不是我夸张，不差了你们高考前冲刺的时候。他非常精通电脑软件、视频剪辑、

PS什么的都拿手。哦，对了，要不是他抽烟把嗓子弄坏了，他唱歌也是非常厉害的。但是他会的再多又有什么用呢？工作仅仅完成日常任务，不去积极表现，活动更是从来不参加，那不就只有我们身边的人知道他有能力嘛？还有徐师傅，你别看他每天只知道谈论国家大事和兴趣爱好，其实他待过很多岗位，见过很多案例，认识很多人，很多事情如何处理，你都可以跟他好好学学。晓得吧？"小汪瞄了一眼时间，吃午饭的时间到了。"嗯，我回去好好消化一下。"

下午，小孙来到办公室，"小鬼，有没有想我呀？""……对了，我听说你以前很厉害呀，学习认真，电脑大咖，还是歌王？""谁出卖我的？""呃……和徐师傅聊天说到的。""低调，那是哥以前的传说。""我感觉你好可惜呀，这么厉害都没什么人知道的，其实你要是好好表现自己的业务能力，不说升职吧，还是有很多东西可以争取的，至少年休假好请一些呀。上次例会，肖班长提到检查组要核查供电所的高压台账，我连供电所的人都还认不全呢，你带带我呗？""……臭小鬼，我就顶多去凑个人数好吧，事情你们干。"

思考 1 如何看待非正式沟通在班组建设中的作用？

周一的班前会上，肖班长一边观察着小孙的反应，一边提出了新的绩效考核办法。班组将建立全面的绩效考核台账，对班组成员每次外勤，正常工作时间外的加班等工作量进行全面统计，每周进行公示，无异议，则进行汇总。工作量将换算成积分，最终在每月奖金中体现差异，并最终和年度的绩效考核挂钩。肖班长看到小孙一脸若有所思的表情，估计小汪已经和他聊过了，松了一口气，立马又提出，本周的工作任务除了计划中的周期检查，还有上周提到的高压供用电合同产权分界点核查工作。由于时间紧、任务重，他们四个人要全部出动，这项工作也会记入台账，进行考核。

思考 2 如何看待绩效管理在班组建设中的作用？

台账管理，迎接考验

班组四人来到现场，通过对供电所的专项工作督察和现场检查，在产权分界点核查上发现了不少问题。

（1）个别供电所对产权分界点的核查工作，存在重视不够，进度不一，报送信息和现场核查情况存在出入等问题。

（2）基层反映工作任务重，人员少、车辆少，用户方重签难度大是导致核查进展缓慢的直接原因。

（3）部分环网柜开关间隔未下发开关编号，导致合同中产权分界点内容无法准确填写。部分线路改造和电源点变更后，杆号牌却未及时更换，导致合同重签后与现场情况依然不符。

> **思考 3** 在班组管理中，如何做好台账管理？

（4）合同产权台账信息管理不规范。重签的合同中产权分界点抄写成原产权分界点；台账中产权分界点直接从别的旧表格中复制粘贴，导致合同中信息是对的，但台账信息错误。

齐心协力，台账整改。小汪眼巴巴地看着徐师傅询问着如何处理。徐师傅表示，目前我们能做的，首先是将情况汇总上报领导，因为部分问题需要配电、运检等部门的配合，共同推进核查工作。同时，各个供电所的台账管理缺乏一个统一的规范，这是我们可以督促整改的地方。肖班长听后，立刻回去召开班组会议研究台账管理办法，并最终得出以下四个要点。

防范风险，认识到位。通过各种会议和事故案例教育，将产权分界点核查作为防范法律风险、减少经济损失，区分安全责任、明晰管理职责的重要内容，开展风险警示教育，提高各级管理者和责任人的思想认识。制定三个百分百目标（产权分界点核查100%，合同签订率100%、现场核查与系统数据一致率100%），统一部署核查工作。

属地管理，责任到人。按照供电责任区划分，分"市区、市郊、县公司"三个类别同步开展核查工作。同时将核查责任落实到具体责任人，每户高压户的核查落实情况由责任人签字备查。建立高压合同产权分界点台账，实施"一户一档"的台账管理办法，将责任人、现场照片、新旧台账信息和客户档案——对应，全面完善高压合同产权分界点台账。汇总表由部门和县公司负责人审核签字。

协同联动，及时更新。针对产权分界点合同备注与现场实际不一致，营销系统与运检系统数据不一致的情况，通过与配电队、运维检修部协调，实行供电所与配电队联合现场核查，营销部与运检部共同核对数据。努力提高产权分界点的现场信息、合同信息、数据信息的一致性和准确率。

动态核查，有效管控。针对线路调整频繁、高压用户数量多、供电所核查任务重的实际情况，加强与运检部门的信息沟通，建立"月度自查核对、季度督察通报"的核查机制，确保产权分界点信息动态核查、及时更新。加大对供电所的督察和考核，确保公司要求和部署落实到位。

> **思考 4** 良好的台账管理能获得哪些成效？

小孙在会上还展示了他自己记录高压客户台账的技巧。在工作现场时，通过手机地图软件截图，获得用户的地理位置，同时搜集用户详细的设备信息。再通过图像处理等软件制作高压用户设备信息一览图，点击上面的详细信息，还可以看到用户现场的图片等进一步信息，如下图所示。这保证了现场情况记录和留存的及时性和完整性。有新同事来到班组时，也更是一目了然，提高了传帮带的效率。

肖班长对大家的表现进行了表扬，特别是小孙，其工作积极性有了很大的改观，尤其是以创新的方式对台账的模式进行了改进，值得大家学习。

地图式台账

现场表计

用户配电设备

肖班长表示，小孙的表现也将换算成积分，记入绩效考核。班组的绩效管理、台账管理变得更加规范有效，工作效率和氛围有了明显提高。

 问题解析

思考1　如何看待非正式沟通在班组建设中的作用？

解析　把握方式、时机，提高沟通实效。

沟通是管理工作的灵魂，是减少工作中矛盾冲突，提高工作效率，实现共同目标，满足各种需要的重要手段。沟通的品质决定了做事的品质。对一个班组而言，良好的沟通可以使成员认清形势，使决策更加合理、有

效，建立班组共同的愿景。班长可以通过沟通，引导班员更好地工作；班员可以通过沟通，更好地理解、执行领导的意图和决策；同事之间可以通过沟通，更加精诚团结，密切合作。在一个班组里，所有的工作任务和共识，都是通过沟通来达成的。

在本案例中，肖班长通过小汪，采用非正式沟通的方式，来引导小孙的工作积极性，同时也给小汪指出了正确的工作方向和态度。为接下来进一步的沟通和工作安排，做出了铺垫。

思考 2 如何看待绩效管理在班组建设中的作用？

解 析 让每个人的付出与工作成果，一目了然。

绩效管理通过设定科学、合理的班组目标、部门目标和个人目标，为企业员工指明了努力方向。班组长可以通过绩效辅导沟通及时发现班员工作中存在的问题，给班员提供必要的工作指导和支持；班员通过积极工作以及对方法的改进和创新，保证绩效目标的实现。在绩效考核评价环节，对个人和部门的阶段工作进行客观、公正的评价，明确个人的贡献，通过多种方式激励高绩效员工继续努力提升绩效，督促低绩效员工找出差距改善绩效。

在本案例中，肖班长在绩效考核上，力求细化、量化，尽可能完整、公正地体现班组每一个员工的付出。让人心服口服，提高了班员工作的积极性。

思考 3 在班组管理中，如何做好台账管理？

解 析 台账管理是一个持续改进、不断完善的过程。

做好台账的基本原则，首先是真实。对台账中收集的信息、数据必须是真实的，如果作假，那么就失去了建立台账的意义。其次是及时，坚持实时记录班组的工作任务或者高压用户的用电信息。再次是规范，台账资料的记载要规范，应便于查找、归纳和总结，做到有章可循、有据可查、有责可究。

在本案例中，小孙运用自己的电脑知识，利用软件制作的市区高压用户现场用电信息地图式台账，是对传统表格式台账的一次创新，更加生动地反映了用户的地理位置、现场设备信息，使自己和新进员工面对台账时能够一目了然。

思考 4 良好的台账管理能获得哪些成效？

解 析 有章可循、有据可查、有责可究。

在本案例中，肖班长在通过对台账管理进行绩效考核，对班组成员工作成绩实事求是地记录，使得绩效考核有章可循、有据可查。出现问题，台账中也可以看到工作负责人和记录人，有责可究。而在高压用户的台账信息管理中，建立统一规范的台账模式，责任到人，可以有效避免一些不必要的人为差错，也方便查询。针对产权分界点合同备注与现场实际不一致，营销系统与运检系统数据不一致情况，统一的台账模式，也方便了营销部与运检部共同核对数据。同时也提高了检查人员季度检查时的效率。从而达到三个百分百目标（产权分界点核查 100%，合同签订率 100%、现场核查与系统数据一致率 100%）。

要点点睛

（1）在沟通当中，应不断思考，用何种方式最能使人接受、理解，同时要关注沟通对象的情绪变化，而不是生硬地摆事实、讲道理、给任务。

（2）对于绩效管理，要避免其成为管理者和被考核者矛盾的导火索，而是应该在班组管理中起到桥梁和纽带的作用。做到抓好时机、实事求是、力求公平，从而提高员工积极性。

（3）良好、规范的台账管理，是我们进行绩效考核的依据，同时极大地提高了我们的工作效率，能够更好地配合检查组工作。

（4）本案例的核心是通过沟通、绩效管理、台账管理，逐步侧面引导员工，提高他们的工作积极性、参与感和成就感。

 知识链接

马斯洛层次需求理论

马斯洛层次需求理论将人的需求从低到高分为生理、安全、归属、尊重、自我实现五种类型，如下图所示。等级越低者越容易获得满足，等级越高者则获得满足的比例较小。这就促进企业管理理论的进一步深化，迫使管理者在实际管理过程中，必须考虑如何更好地从心理上去满足员工的高层次需要，从文化上对员工加以调控和引导，帮助他们实现各自的愿望，使他们不仅感到自己是一个被管理者，同时也能够在安全感、感情归属、受尊敬、自我实现等方面，都能拥有很大的发展空间。

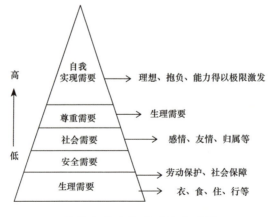

马斯洛层次需求理论直观图

班组复合型人才养成记
——由班组人员请假所引发的思考

摘　要　制度建设做引领，人才培养夯基石。本案例描述了唐班长通过员工请假所暴露的班组临时性缺员的管理问题，并结合紧急任务所诱发的结构性缺员的问题，通过群策群力逐步建立起班组的人员管理体系的故事。从完善人员管理制度出发，唐班长通过建立健全培养制度，精心规划职业生涯，培养"一专多能"复合型人才，探索出了加速青年员工成长的长效机制。

关键词　一专多能　人才培养　制度建设

情景聚焦

　　H市供电公司变电检修室二次一班是一支年轻有为，朝气蓬勃的队伍。班组共有10名成员，平均年龄29岁，其中有8名继电保护及相关专业硕士研究生，2名重点大学本科生，具有学习力强、可塑性高等特点。

二次一班负责 H 地区 15 座 220kV 变电站继电保护及自动装置的运行维护、技改等工作，这些工作对检修人员的技能水平有较高要求。

星期一早上，唐班长刚开完班组长会议，正准备将下发的指标任务分配给相应的班组成员，结果班组里面的两位成员相继打来电话申请年休假外出旅游。可是前几日班内有的成员去参加国网公司组织的培训，同时有成员正在封闭准备技能竞赛。班组正是用人之际，唐班长想着是否让这两位员工推后一段时日请假，忙完这一阶段工作再说。但员工说机票都买了无法退票，故而不能延后休假。唐班长非常无奈，只能这周由自己和班组中其他成员加班完成这周的指标任务。

制度建设，初战告捷

这一周的指标任务虽然圆满完成，可是唐班长和参加工作的班组成员都非常疲惫。唐班长思考如何减少员工请假对班组工作的影响，避免再出现这种情况：之前班组所分配的指标任务较少，班里成员休假提前一天告知即可；但当前公司正努力搭建"大检修"体系，并且投运的新变电站逐年增多，班组的指标任务量也水涨船高；如果班组成员集中请假，班组便会出现临时缺员的问题，这就会导致班组工作的人员工作量激增，压力较大，甚至无法按期保质保量完成上级下达的指标任务。因此，唐班长觉得有必要改善以往的请假流程来解决该问题。在所有班组成员均在的情况下，唐班长召开了班组会议宣布了自己所制定的一系列请假制度。其中，关于年休假申请方面，班组成员需提前 3 个月提出自己的年休假申请，并且需与其他同事协调好请假时间，避免发生集中请假的情况。这项措施得到班内所有人的一直赞同。在接下来的时间里，由于有请假制度的保证，避免了班组人手短缺所导致的工作任务骤增的情况，大大缓解了班组人员的工作压力。

思考 1 如何正确认识制度建设在班组管理中的作用？

紧急任务，发现漏洞

在大家认为这项请假制度完美地解决了班组缺员问题的时候，省调要求进行 XX 变电站的双母差保护改造，这让班组所有人措手不及。这项临时紧急任务技术性强，操作复杂、烦琐，并且需要与变电运维、调度中心等其他部门人员协同工作，因此对工作人员的业务素质要求较高。虽说班组人手够，但此时班组中包括班长在内的几位技术骨干或借调，或请年假，或因其他事情均不在班组。只能由班内 3 位入职 2 年的"技术新人"奔赴现场开展工作，几位骨干实时关注工作进度，并提供技术支持。所幸通过大家的努力保质保量顺利完成了这项任务。但这件事情暴露了班组存在了结构性缺员的问题，唐班长陷入了沉思。

> **思考 2** 什么原因导致了班组临时性缺员与结构性缺员？

完善制度，有的放矢

经过深思熟虑，唐班长决定通过群策群力来完善班内的请假与应急值班制度。于是唐班长组织班员对请假与应急值班制度开展讨论。大家认为出现这种问题的主要原因是班组对紧急任务缺乏有效的应对流程和方法，需要通过制度尽量保证班组在日常工作中有一位工作负责人值班，避免发生类似情况。但随着近几年 H 供电公司的迅速发展，技术改进、反事故措施、配合基建接入与消缺等技术含量较高的工作任务骤增，二次一班面临着技能人才缺口这个严峻的问题。因此，唐班长认为需要建立健全人才培养制度，加快青年员工的成长步伐，努力培养骨干，尽快提升全体员工的技能水平，这样才能从根本上解决缺员所带来的问题。

因此，班组针对二次一班年轻成员比例大、学习力强、可塑性高等特点，因势利导，通过积极的人才培养制度来促进青年员工成长。

1. 及时了解思想动态，促进青年员工快速成长

为了深入了解青年员工的思想动态，二次一班开展常态化班组员工座谈会。每两周班长至少组织员工开一次座谈会，以座谈会的形式了解青年员工思想动态及工作中的困难，有针对性地进行剖析和解决问题，从而进一步激发广大青年员工创新、创效，成长、成才的主动性和积极性，促进全班整体业务水平迈上新台阶。通过召开班务会，青年员工相互交流分享成长经历。青年员工紧密结合工作实际，有感而发，畅所欲言，分享了各自的职业成长经验。班长等老员工与青年员工分享自己的成长经历，引导大家从基层做起，通过情感的共鸣极大地调动了青年员工的工作积极性和热情，营造出"快乐相处、快乐工作、快乐生活"的良好工作氛围。

2. 积极开展师徒结对，提高青年员工技能水平

青年员工最大的优点是富有激情和创新的意识，而最大的缺点则是实践经验的不足。"师徒结对"的方式在这两者之间搭起了桥梁，发挥师傅丰富的实践经验，加上徒弟的激情和创造力，使得新员工的专业水平迅速、持续提高。师徒结对是培养人才的需要，是班组发展的需要，也是"师傅"和"徒弟"们个人发展的需要。各位"师傅"以继电保护知识学习为抓手，制定业务学习计划，利用班会和工作空闲时间进行集中学习和自主学习，每月组织青年员工进行一次考试，增强紧迫感。

3. 探索实行专业融合，培养"一专多能"复合人才

二次一班面临着缺人的窘境，如果将精力相对旺盛的青年员工禁锢在一个专业岗位上，必然造成人力资源的浪费。随着公司深入开展信息化与智能化管理工作，青年员工也需要积极参与进来。因此，唐班长对班组的工作负责人、安全管理等岗位的后备人才进行

> **思考3** 本次实施的班组复合型人才培养制度有什么亮点？

了培养，促进一专多能的复合型人才的成长，在员工请假、轮休、调离的情况下，做到随时替补，保障工作正常开展。

持之以恒，硕果累累

二次一班以优化人才成长环境为目标，针对性地培养技术、技能人才，全面提高班组人才当量和人才队伍素质。自从人才培养制度建立以来，取得了一系列优异的成绩：省公司QC活动成果一等奖，省公司技术能手称号，市"青年文明号"称号，市供电公司"先进班组"称号，国网技术学院优秀学员等荣誉和成绩。其中，青年员工汤某充分发挥了自己高学历的优势，成长速度快，专业技能强，在华东电网继电保护竞赛G省初赛中获得个人"二等奖"；同时通过班组"一专多能"复合型人才培育平台，他积极参与了班组事务的日常管理。由于管理与组织才能突出，现已成为副班长，走上了管理岗位。

> **思考4** 培养复合型班组青年员工需要注意哪些方面？

问题解析

思考1 如何正确认识制度建设在班组管理中的作用？

解析 制度建设是解决班组管理问题的最有效的方式。

"无规矩不成方圆"。一个没有制度约束的队伍必然没有战斗力。请假制度的建立有效避免了二次一班临时性缺员对工作的影响。因此，在班组管理中应该始终将班组制度建设摆在首要位置。只有用制度来规范班组的行为，才能最大限度地发挥班组的战斗力。

思考2 什么原因导致了班组临时性缺员与结构性缺员？

解析 未认识缺员问题的本质，制度建设效果大打折扣。

班组请假会导致班组临时性缺员的问题。而紧急任务暴露出班组存在技术骨干不足的问题，属于结构性缺员的范畴。临时性、结构性缺员当前已经是一个较为突出的问题。班组应该分析问题产生的原因，了解制度缺陷，只有这样，才能有效地、有针对性地解决此问题。具体原因如下：

1. 未认识到缺员问题的本质

公司规模的发展，必然带来人员的紧缺，人手的绝对量的不够。改革开放 30 年来，G 全省 220kV 变电站增长 20 倍，主变压器容量增长 49 倍，线路总长度增长 15.8 倍，如此规模的扩张，而人员规模长期按照 $N-1$ 原则进行控制，肯定会带来人员的紧缺。

技术装备的升级换代，必然造成人员的紧缺，高素质人才数量不够。继电保护装置先后经历了继电式、整流式、晶体管式、集成电路式、微处理机式等发展阶段，其中微机保护已经升级了六代，更为重要的是技术装备的提升朝着集成化的方向发展，硬件有集成，软件上更有集成，电网的运行逐步走向网络化、智能化、一体化（保护、控制、测量、通信）的综合自动化，导致复合型紧缺人才需求越来越多，供给愈显不足。

当前二次一班面临的缺员问题是一种结构性缺员的问题。公司规模的发展、技术装备的提升，两方面效应的叠加，使得结构性缺员现象愈发严峻。

2. 在人员管理制度建设中未充分考虑定岗定员的原则

定岗定员是班组的基本原则，需要细化并确定班组成员的岗位职责、权限和任务。班组成员应人人熟知本岗位职责内容。同时保证各岗位工作职责之间没有重叠或断点，并且每项工作都能找到明确的责任人；岗位职责与分工既要体现出各自独立、彼此有分工，又要体现出相互协作与支撑；班组的岗位设置与职责分工要体现流程的顺畅。

但绝对的定岗定员很难做到的，没有弹性的定员使得班组长疲于应付临时性缺员。这种临时性缺员是长期客观存在的，长期的定岗也会导致员工技能单一，甚至使临时性缺员调配出现困难。在定岗定员的基础上，适度的弹性人员补充制和员工岗位轮换是非常必要的。

思考 3 本次实施的班组复合型人才培养制度有什么亮点？

解 析 培养青年员工就是要实现员工与班组的同发展，共进步。

二次一班坚持以人为本，按照全面、协调、可持续发展的要求，统筹兼顾，采取一系列措施有计划、有步骤地解决了班组临时缺员与结构性缺员的问题，主要亮点在于从多方面培养青年员工，将青年员工的成长与班组发展结合起来。

1. 技能培养与思想建设并重

班长通过座谈会的形式准确把握青年员工思想动态，并结合自身的工作经历引导青年员工树立正确的人生观、社会观、价值观，鼓励大家立足岗位、扎根基层，找准定位、摆正心态，心存感恩、踏实工作，努力快速提高技能水平。而基于"师徒结对"的技能培养制度，导师在日常工作中给予青年员工具体工作和实践操作的技能指导，并且通过定期的知识辅导，将技术知识与实践应用紧密结合，提升员工技术能力水平。

2. 个人成长与班组发展并行

青年员工是班组发展的生力军，是决定班组未来的核心竞争力。"一专多能"复合型人才培养模式立足于班组进步和个人发展，通过将员工的技术能力、素质能力随着班组的发展同步提升，实现自我价值和班组目标的共同发展。这将全面调动员工自觉学习、自我提高的积极性和能动性，变"要我学"为"我要学"，大大加快了青年员工的成长速度。

思考 4 培养复合型班组青年员工需要注意哪些方面？

解 析 根据班组需要，构建复合型人才培养机制

青年员工学历高，理论知识较为扎实，但缺乏工作经验，技能水平跟

不上实际的需要。因此需要根据班组发展需要，构建一系列培养机制激励青年员工自主快速成长。

1. 建立按需学习机制，防范出现人才泡沫

高学历不代表高能力，高文凭不代表高水平，高职称不代表高称职，高技能等级不代表高等级技能，现实中，部分青年员工高学历、高文凭，但工作表现却不尽如人意，这就是人才泡沫，它必然会导致软性缺员。人的精力是有限的，班组应引导员工按需学习，围绕工作需要学习，否则所学知识便不能转化为班组所需的价值。因而班组要从培训投入上防范人才泡沫，并佐以人才选拔、薪酬设计等措施，以形成完整的配套机制。

2. "一专多能"养成机制，培育复合人才队伍

复合型人才可以实现以一当多的效果，直接减少人员需求，当某岗位临时缺员时，可以直接启用复合型员工，将缺员消灭于无形中。因而班组应建立复合型人才培育机制，通过定期岗位交流、岗位互换实现一专多能，当前班组宜通过薪酬激励措施，提倡相近专业工种的兼容，员工上下游业务的能力素质的贯通，既可在必要时压缩流程，也可在日常情况下加强相邻业务环节的监督、把关，提高业务质量与水平。

要点点睛

（1）班组可通过建立班组请假与应急值班制度来协调员工工作，营造和谐的工作氛围，解决员工请假等因素所导致的临时性缺员问题。

（2）企业处在大发展的阶段，班组要注重后备"一专多能"复合型人才培养，从根本上解决缺员问题。

（3）班组在培养青年员工时，要立足于班组进步和个人发展的切合点，按需培养同班组一起成长的复合型人才，从而避免人才泡沫的问题。

 **知识链接**

蘑菇效应

长在阴暗角落的蘑菇因为得不到阳光又没有肥料，常面临着自生自灭的状况。但蘑菇擅于利用周边的资源，深深扎根汲取养分，向上生长沐浴阳光。

当蘑菇长到足够高、足够壮的时候，便会被人们所关注。

一个刚参加工作的人总是要先做一些不起眼的事情，而且得不到重视。这就需要新员工脚踏实地，一步一个脚印地提升自己的业务能力。当他专业技术过硬，工作出色时，便会逐渐被领导关注并得到重用。蘑菇生长必须经历这样一个过程，人的成长也肯定会经历这样一个过程。

在管理学中，"蘑菇效应"是一种很好的企业培养青年员工的方法：职场新人被分配到基层单位工作，从基层做起，适应公司的工作环境。因为青年员工从基层干起，才能了解企业生产经营的整体运作，日后工作中方能更得心应手；从基层干起有利于积累经验、诚信和人气，这是成功不可缺少的要素；从基层干起，可让员工经受艰苦的磨砺和考验，体验不同岗位乃至于人生奋斗的艰辛，更加懂得珍惜，企业也便于从中发现人才、培养人才、重视人才，所以说"蘑菇"的经历对年轻人来说是成长必经的一步。如何快速高效地走出职业生涯中的最初那段"蘑菇期"，为日后积累工作经验和人生阅历，是每个经过十几年寒窗苦读而踏入社会的年轻人必须面对的问题。

"一分为二"的班组
——班组内部的竞争与合作

 摘 要 合理分配制度保障，竞争合作促进双赢。本案例描述了班长老杜对班组进行班内分组的管理实践，以及通过对分组管理的不断探索与改进，最终使班组内部开展竞争与合作，促进班组工作高效开展。通过案例分析了班内分组的分配原则、如何促进组间的竞争与合作以及分组后如何开展绩效考核等关键问题，为班组内部分组管理提供了十分有价值的参考和借鉴。

 关键词 班内分组 竞争与合作 绩效考核

情景聚焦

近年来，随着城市化进程的加快，H 市城区 10kV 配套线路也日益增多，H 市供电公司运检班组运行维护线路的工作量也随之加大。但班长老杜却仍然按照以往惯例安排组织线路检修工作，即在线路检修时，班组全员到场工作，并且总是安排 6 名业务骨干相互配合完成困难且重要的工作，其余 6 名人员只负责现场的简单工作。随着检修任务的增加，班组有时会出现连续两三天的高强度工作，连续的高强度工作让员工不堪重负，班组成员也多次向老杜反应现在的工作负担太重。发现这些问题，老杜也感觉到过去这种"全员上阵"的工作模式已不适用于现在的工作情景，如何才能够改变现状呢？国家电网公司目前提出了"网格化抢修"的要求，老杜扩展思路决定将网格化管理思路扩展到班组日常运维工作中，将班组运维的线路按照所属变电站、线路数量基于均分原则划分为两部分，在班内分别成立"一组""二组"两个作业小组，同时将班内人员、车辆均分，让小朱和小李任小组负责人，负责各自小组的线路运维工作，每月班组对小组的工作质量进行评比，选出优秀小组，并给予月度班组绩效总额的 10% 用于奖励优秀小组。

分组初成，差距明显

由于分组工作比较仓促，两个小组均为员工自愿分组组成，老杜也没有过多的干涉。分小组工作三个月后，老杜渐渐发现了问题，一组的线路检修次数比二组多了 20%、线路故障率比二组少了 30%；一组的工作台账和过程资料整理得很齐全，二组却做得较差。连续三个月的优胜小组都是一组，同时，一组人员的工作积极性明显比二组高。为鼓励后进小组，老杜找来二组的负责人小李谈话。二组负责人向老杜讲了自己的无奈，因为连续几个月的绩效低于一组，组内员工出现了消极与懈怠情绪，工作积极性大打折扣，小李委屈诉说自己组内的业务骨干包括自己只有 2 名，在现场工作时，他们两人的工作量很大，剩下的四人由于技术水平有限和年龄较大等原因只能做简单的辅助工作，而且很少能从组内其他成员那里得到的帮助；在资料整理方面，因为本组内没有对电脑操作熟练的人，只能自己来处理。然而自己又要负责现场工作还有小组内其他事务，所以资料整理的情况不是很好。听到这些，老杜陷入了思考。

思考 1 班组内实行小组分工，应遵循哪些原则？

再次分组，竞争激烈

老杜将技能水平、年龄结构、工作态度、软件资料熟悉程度等因素纳入分组考虑的范围，征求班组成员同意后，对两个小组的人员进行了调整。人员重新编排后，两个小组现在各有 3 名业务骨干，同时也都有能负责软件资料整理的人，班组员工对各组人员的分配都觉得比较合理。重新分组后的各项工作也按照计划继续开展，再次分组后的第一个月，老杜看到两个小组的绩效评价也在伯仲之间，一组虽然再次获得优秀小组，但是二组也不气馁，表示下个月要做得更好。看到班组员工为了各自的小组争夺优秀小组，相互竞争比拼，老杜十分欣慰，觉得这个办法真不错。

分组后第二个月，新的问题又出现了，一组想利用线路停电机会进行线路综合检修，此次工作任务重，时间紧，根据以往的经验，一组的 6 个人在停电的时间内是不可能完成这项工作的。老杜想让二组共同参与这项工作，二组却找各种理由推脱，虽然最后迫于压力，二组最终参与了现场工作，但在现场工作时明显感觉到他们的积极性不高。事后，老杜分别找到二组的员工谈话，从谈话中了解到，正是因为两组激烈竞争，二组协助一组工作，会让一组在当月的绩效中占得优势，对自己的小组评优不利，所以在工作时不积极。还有员工对老杜优秀小组的评判标准提出了质疑，觉得评判标准只是个人主观判断，没有具体的标准，不能让人信服。

> **思考 2** 为什么在第二次分组后，两个小组之间会出现"势同水火"的局面？

团建活动，懂得双赢

针对新问题，老杜觉得是班组员工对分组竞争的理解太过狭隘，于是老杜带领班组员工组织了一次团建活动——"山羊过独木桥"。游戏中的

"山羊"在比赛中争个"你死我活",会造成一人或者两人同时掉下独木桥,但是老杜却让扮演对立"山羊"角色的人员互相抱住、转身换位,最终都顺利通过了桥。班组的新员工小蒋感叹道:"大家总想着自己能获得游戏的胜利,不顾对方的利益,但是却没有想到还能通过合作的方法让大家共同完成目标。"一组负责人小朱说:"在竞争中合作双赢是一种大智慧。以前我总有成王败寇的思想,总想着把对手击的溃不成军,打得体无完肤,仿佛这样才能彰显自己王者威风。但想想这几年商界中的各种商品战、价格战,最后往往都是败者惨败,胜者惨胜,不但没有捞着好处,反而因为在竞争中损害了消费者的权益而导致信任危机,可谓是'赔了夫人又折兵'。"班长老杜点点头,总结道:"竞争中不能只顾眼前的蝇头小利而舍弃了长久的利益,只为争一时之气而不顾合作。现代社会无论是个人、社会、企业还是国家都要学会在竞争中合作双赢,这样才能走得更远。大家不应该将竞争局限在班组内部,应该放眼全局,比如从工区、从公司层面出发,班组的工作完成出色,可以帮助公司工区赢得绩效加分,为公司年度评比做贡献,工区的绩效得分高,大家自然能获得更多的回报。"班组员工在听了老杜的一番话之后,纷纷表示之前自己的目光太过短浅,通过这次团建活动,大家都愿意加强小组间合作完成工作。看到员工的思想有了转变,老杜趁热打铁,当即组织班组员工对现行的绩效分配标准进行修改。经过大家的讨论,修改了部分绩效考核的细则,比如适当增加协助工作组的绩效得分、对个人工作方法的分享给予加分,还有把日常的工作分为内外勤、按照工作难易程度、重要程度等重新赋值,将每次的工作得分进行公示等等。班长老杜将新的方案报工区、人资部同意后,就开始正式实施。新绩效规则出台后,需要组间协作时,各组队员们也不相互推诿了,有了两个小组之间的合作,工作也都能顺利完成。

> **思考 3** 如何在班组管理中做到竞争与合作的良性发展?

协同并进，良性循环

通过新的分组和考核细则的制定，现在老杜所带的班组工作氛围浓厚，老员工带着年轻人学习技能，年轻人主动承担起资料和系统的维护工作，两组之间比学赶超的势头明显，班组因此还获得了省市公司的优秀班组称号。老杜准备明年将两组进行互换和组员进行一次微调，为的是让各小组成员不仅仅局限于自己小组工作所属线路还要熟悉班组全部的线路设备情况，人人都能成为优秀的线路工人。

 问题解析

思考 1 班组内实行小组分工，应遵循哪些原则？

解 析 班组内分组需综合考量，合理分配。

小组的划分应遵循"组内异质，互为补充；组间同质，适当均衡；尊重员工的意愿、适时调整"的基本原则。尊重员工的意愿就是分组需考虑到员工的要求，尊重员工的选择，若需调整，需提前与员工做好沟通。组内异质与组间同质，是指小组内部成员之间具有一定的互补性和差异性，同时保持组与组之间的同质，以便进行组内合作和组间竞争。适时调整能保证小组内的流动性，有利于小组的工作开展。本案例中，班组第一次分组就是没有遵循上述原则，因此存在下列问题：

（1）未遵守组内异质，互为补充原则。第二小组缺少能够熟悉软件资料整理的人员，组内成员未能做到工作互为补充，所以使得小组间绩效考评差距较大。

（2）未遵守组间同质，适当均衡原则。与第一小组相比，第二小组内骨干成员较少，因而第二组的骨干成员工作量更大，工作负担

更重。由于小组之间技术力量不均衡，所以造成第二小组成员工作质量相对较差。

思考2 为什么在第二次分组后，两个小组之间会出现"势同水火"的局面？

解析 分组工作的绩效考核无细则，未充分考虑到特殊情况。

将班组内分成两个工作小组，这个做法具有一定的创新，从第一次和第二次分组后的绩效考核后员工的表现反馈可以看出，将小组工作的质量与月度绩效挂钩是一种有效的激励手段。但是仅仅将工作任务自动按照所属线路原则划归给线路运维小组，必然会导致两组之间的员工想"划清界限"，不愿意进行组间合作。绩效考核未将组间合作、技能传授等特殊情况考虑在内，导致了小组间不能较好的协同工作。

思考3 如何在班组管理中做到竞争与合作的良性发展？

解析 竞争与合作的良性发展需思想上、制度上和行动上的共同统一。

1. 思想上正确认识竞争与合作的对立统一关系

班长老杜通过团队建设的游戏让大家体会到两者之间的关系，进而联想到在平时的日常工作和生活中，既要有竞争意识又要有合作意识。

2. 制度上保障竞争与合作进入良性发展

班长老杜通过改进优胜小组的评判标准，让全员参与讨论制定优胜小组考核评选标准，并上报公司通过。通过制度保障促进两个小组开展良性竞争。

3. 行动上将小组积分张榜公示，做到公平公正

班长老杜将小组积分张榜公示，既能起到相互监督作用，让优胜小组的评选更加公平公正，还能在一定程度上起到对后进小组以鞭策、对优胜小组以鼓励的作用。

 **要点点睛**

（1）班内分组一定要做到：组内异质，互为补充；组间同质，适当均衡；尊重员工的意愿；适时调整。

（2）班内分组目的不是让小组之间决出胜负，而是通过两个小组良性竞争促使整个班组团结协作，到达"1+1 ≥ 2"的效果，促使整个部门的整体进步。

（3）班组内部竞争与合作共赢，首先要从思想上让班组成员正确认识竞争与合作的关系，然后需从制度上保证良性竞争，最后从行动上践行竞争与合作。

 **知识链接**

零和博弈	双赢理论
零和博弈，又称零和游戏，属非合作博弈。指参与博弈的各方，在严格竞争下，一方的收益必然意味着另一方的损失，博弈各方的收益和损失相加总和永远为"零"，双方不存在合作的可能。	双赢即所谓的"赢者不全赢，输者不全输"。"双赢"模式是中国传统文化中"和合"思想与西方市场竞争理念相结合的产物。在市场经济条件下的企业运作中，竞争与协作不可分割地联系在一起。

群众护线员小郑转变记
——借助"领导"巡查 提高小郑积极性

摘 要 巧设压力情景，提高工作效率。本案例描述了商合杭高铁穿越高压线路段施工期间，班长王大锤通过改进蹲守人员小郑的工作方式，优化考核机制，借助"领导"巡查来提高小郑工作的积极性，实现商合杭高铁施工两年内线路安全运行的过程。本案例分析了施工点蹲守监护人员在蹲守过程中的常见问题以及应对措施，可以给其他施工点蹲守人员的管理工作提供借鉴。

关键词 群众护线员 防外破蹲守 优化考核

情景聚焦

2016年，随着SHH高铁施工工程的不断推进，穿越高压线路的施工段相继出现，原220kVJG4893线路35~36段就是其中之一，该段线路与高速公路平行，并且与高速公路水平距离只有46米。高铁横跨高速公路而建，由于工程量大，施工期间将使用大型机械设备，存在输电线路外破的隐患。虽然公司前期相关的准备工作，诸如安全培训、组织措施、技术措施、安全措施等已全部布置到位，并与施工方建立常态联系机制。但是王大锤还是不放心，因为近几年由于施工问题导致的外破跳闸案例屡屡发生，所以王班长决定向专业室领导汇报此事，并申请安排一位专职蹲守监护人员。

申请很快就批复下来，但是需要王大锤班长自行寻找蹲守监护人员。该施工点附近仅有一个村庄，考虑到监护人员需要长期蹲守且自行解决吃住问题，蹲守人员只能在该村庄寻找。通过群众护线员和属地护线员的推荐，并结合王班长的调查了解，最终确定小郑作为该施工点的蹲守监护人。

> **思考1** 选择一名合适的蹲守监护人员需要从哪些方面考虑？

人员上岗初体验

确定蹲守人员之后，公司随即对其进行专业培训。和往常一样，专业室将小郑与其他群众护线员集中于一处，安排专业人员对他们授课，培训内容主要是蹲守监护人员的注意事项以及紧急情况的处理措施。培训期间，小郑仔细听课并详细地做好课堂笔记。培训结束后，小郑便"上岗"了。刚开始的几天，由于王大锤担心小郑刚上岗，对相关业务不熟悉，所以每天都要去施工点巡视并现场教学。几番巡视下来，小郑也能判断出施工现场防护措施不足和施工不规范等问题。

王大锤班长要求小郑每天将现场施工照片通过微信发送过来，重点关注现场违规的情况，并且要求按时按质填写蹲守记录。过了一段时间，王大锤班长发现小郑的工作积极性有所下降，因为王大锤班长在微信上收到微拍的推送，却没有收到小郑的照片和现场情况通知。考虑到小郑蹲守时间不久，单独监护可能存在判断不准确情况，王大锤班长决定再观察一段时间。

连续多日的观察后，小郑即便人在现场，但是精神头却不在，与现场施工人员的交流也不如之前主动，随即王大锤班长主动找小郑谈心。

小郑说："每天这样的监护很疲惫，也很无聊，时间长了人的精神容易松懈。"王大锤班长表示理解，并叮嘱小郑可以不必时时刻刻都在现场监护，但是必须事先和施工人员沟通好，了解当日工作安排，非紧急时期，可以每隔半小时监护一次，但是必须要汇报施工现场情况和发送照片。

一段时间后，小郑的精神状态明显有所好转，但是依然存在疏忽，部分防护装置被破坏或者保护措施不足的情况未能及时上报。

见此状况，王大锤班长认为奖惩措施不够细致，导致小郑工作积极性不高。为此，王大锤班长根据专业室已制定的蹲守监护人员奖惩措施，重新制定新的奖惩办法，并上报专业室领导。新的奖惩办法主要内容如下：对及时发现、阻止危险施工以及发现损坏的防护措施的行为进行奖励，对未能及时发现和阻止危险施工、未能发现被破坏的防护措施以及未能定时发送现场照片和蹲守日志书写不规范的情形做出惩罚。

实施新的奖惩办法后，小郑的工作积极性起初有所提高，时间长了又开始下滑了。王大锤班长再次找小郑谈心。

小郑说："总是一个人在这里监护，虽然知道这个工作很重要，可总是坚持不了多久就松懈了。"

由于公司领导即将来此处检查，短时间内也不易更换监护人员。于是王大锤班长告知小郑公司领导要来巡查现场，并安排设备主人与群众护线员共同加强对该处的巡视力度，确保在此期间不发生意外事故。

> **思考2** 为什么王大锤还是没能很好地调动小郑的工作积极性？

意外发现，效果显著

对于小郑以前的工作状态，设备主人周师傅也是知道的。随着周师傅高频率地去现场监护，小郑也比之前认真许多，并不时地向周师傅询问现场注意事项。周师傅将这一情况汇报给王大锤班长，其实，王大锤班长从小郑发出的现在照片也发现了这一点。王大锤班长此刻颇为惊喜，同时也担忧这个状态的是否能持续下去。于是，王大锤班长再次找小郑谈心。

小郑说："知道领导要过来巡查后，每天都会集中精神，发现问题就汇报，以免被领导发现后给大家带来麻烦。"此刻，一个想法在王大锤班长脑中萌发出来。

领导巡查结束以后，王大锤班长对小郑说过儿天领导还要过来巡查已发现的问题是否整改完毕。小郑信以为真，依旧保持积极地工作态度。过了一段时间见没人过来检查，小郑向王大锤询问此事，王大锤搪塞说领导这星期就来检查了。回去后王大锤班长考虑再三，便灵机一动，找了几个小郑没见过的同事假扮"领导"来检查，这样既能和其他同事交流，查看现场的不足之处，也能保持小郑的积极性，一举两得。王大锤向专业室领导汇报得到同意后，便和负责其他线路的班长商量，两个班长各派出2~3个人假扮"领导"去对方施工点巡查，相互查缺补漏。

就这样过了两个月，小郑和另一个蹲守监护人员的工作效率有了很明显地提高。王大锤和另一个班长商量后，试探性地暂停这个方法王大锤发现，小郑能够继续保持原有积极的工作状态。王大锤又不定时地去现场监护，发现小郑能够集中精神监护施工现场了，也能够和施工人员有效地沟通。

王大锤对此有些诧异，不解为何小郑的工作状态有如此大的改善，便在一次监护时询问了小郑。小郑笑着说："每次领导要来巡查，我感到压力很大。为了保住这个轻松的差事，只能逼迫自己打起精神工作。开始的时候晚上还睡不好，后来领导来的次数多了，没有对我提出什么意见甚至还表扬了我后，才能正常睡觉。这样持续一个多月，就养成良好的工作习惯了。"

通过这个方法，该处施工

> **思考3** 什么原因促使小郑工作的积极性得到了提高？

点现场措施越来越完善，蹲守监护人员也能积极地投入到工作中去，两年内未发生意外事故，确保了线路的安全运行。

问题解析

思考 1 选择一名合适的蹲守监护人员需要从哪些方面考虑?

解 析 选择蹲守监护人员需要综合考虑时间、地利和人员等因素。

时间因素：由于蹲守监护需要长时间监护，所以监护人员需要有大量的空余时间，这就要求监护人员不能有工作而且没有外出打工的打算，监护人员也不能有太多田地，以免农忙时期没时间监护或者没心思监护。

地理因素：由于蹲守监护人员需要全天候的工作，期间需要自行解决吃住问题，所以监护人员必须在施工点附近寻找。而且如果监护人员是当地的村民，在发生意外情况时，附近村民也能给予蹲守监护人员提供帮助。

人员因素：蹲守监护人员自身要身体状况良好，能够和陌生人有效地沟通交流。监护人员还需要细致和认真，富有责任感，不能为了考核而弄虚作假。另外，蹲守监护人员需要识字和了解电力安全知识，能够熟练使用手机及微信等通信软件。

思考 2 为什么王大锤还是没能很好地调动小郑的工作积极性?

解 析 王大锤班长只是根据小郑自己所提的要求和自己考虑问题的角度解决问题，没有深入思考问题的根本。

小郑作为"新人"，接触新的工作，新鲜期一过，每天做的都是大量重复且无趣的事，积极性不高是很正常的。小郑每天只是机械地看着施工情况，不清楚蹲守监护重要性，长时间迷迷糊糊地做一件事自然会觉得累，所以提出多些休息时间的要求。而王大锤班长作为专业人员，掌握了蹲守监护的要点，认为多点休息时间就可以提高工作积极性。然而这些都只是治标不治本，小郑工作不积极这个问题没有得到有效地解决。

王大锤班长虽然在原有奖惩办法的基础上加以修改，增加了一些考核指标和奖惩力度，但是这些奖惩标准的修改，对她的实际收入影响不大。所以小郑的工作动力不足，积极性提升不大。而且，小郑提出了自己的问题，就是需要有人监督，这样她就会集中精神工作。这也是小郑在王大锤带着时工作表现还很不错，无人监管的时候工作不积极的原因。

思考 3 什么原因促使小郑工作的积极性得到了提高？

解 析 专业人士指导、外界压力增大以及工作能力的提升，使得小郑工作的积极性得到了提高。

首先是班长王大锤和设备主人周师傅的指导。这两人多次来到施工点，现场教学，不断指导小郑工作，让小郑认识到自己工作中的错误并加以改正，能够快速地适应工作。

其次是王大锤让同事假扮"领导"巡查施工现场。这个方法增加了小郑的外界压力，打起精神工作。同时小郑得到了"领导"的表扬，增加了她的自信心和荣誉感，体现了她的价值，从而使她一直保持工作的积极性。

最后是小郑工作能力的提升。"领导"巡查期间能够明白领导指出的不足并加以改正，领导不来了也能保持积极的工作状态。工作能力的提升也是小郑积极工作的重要条件。

要点点睛

（1）非专业人员从事电力行业工作，在为他们制定要求和对策时，要设身处地思考问题，不能治标不治本。

（2）对于工作效率和积极性不高的员工，若是他们的工作比较轻松，适时地增加一些压力会对他们的工作有所帮助。

业绩与压力的互动理论

根据 Yerkes 和 Dodson 的压力与业绩之间的关系影响研究表明，业绩与压力呈"倒 U"型关系模型，这个模型认为有一种刺激力的最佳水平能够使业绩达到顶峰状态，对于处在一种充满压力的工作状态下，过小或过大的压力都会使工作效率降低。压力较小时，工作缺乏挑战性，人处于松懈状态之中，效率自然不高。当压力逐渐增大时，压力成为一种动力，它会激励人们努力工作，效率将逐步提高。当压力等于人的最大承受能力时，人的效率达到最大值。但当压力超过了人的最大承受能力之后，压力就成为阻力，效率也就随之降低。

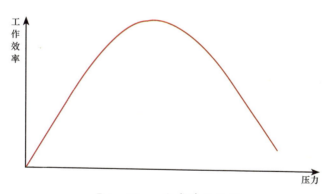

Peter Nixen 人类绩效曲线

"三抓三推进"巧借力
——营造班组建设新面貌

摘要

工作传承新老结队,基层管理以身作则。随着供电企业发展水平的不断提升,班组作为企业最基层组织单元,是供电企业各项工作的落脚点和具体实践者,原有的粗放式管理水平已远远跟不上供电企业班组在新形势下的发展需求,尤其是作为代表企业形象的客户服务窗口营销班组,扎实的班组建设工作对班组管理显得至关重要。本案例描述了徐班长以"三抓三推进"管理方式为核心,营造了班组和谐的工作氛围,为班组建设管理工作提供了参考借鉴。

关键词 传帮带 "三公"原则 "三抓三推进"

 情景聚焦

营销部抄表班是 XX 省公司的优秀班组,主要负责市区的高、低压客户的抄表、催费工作,但目前班组人员年龄结构偏大,技能水平参差不齐,如何开展班组工作，继续保持优良的工作作风，徐班长主要采取了"三抓三推进"的工作方法。

抓"传帮带"，推进和谐班组建设

吴师傅马上快要退休了，班组新人小杜能否顺利接手吴师傅的工作，保质保量地完成呢？吴师傅肩负着市区三分之一高压特大用户的抄表催费工作，其工作业绩一直名列前茅。如今小杜接手吴师傅的工作，工作经验和与客户关系都有所欠缺，如何顺利地完成两人的工作交接，这似乎是一个紧迫而棘手的问题，但徐班长表现的胸有成竹、不慌不忙，因为一切都早已按照他的思路有条不紊地进行着。

徐班长深知员工当前存在的心理状况：老师傅认为自己即将退休，多一事不如少一事；年轻人认为老师傅工作方法死板、效率低不愿学。所以，要想将交接工作做好，必须建立一个良好的沟通渠道作为基础。徐班长在平时工作中特别注重团队合作，多年来一直坚持每月开展班组技术培训、经验交流活动，一方面让老师傅向青年员工传授工作经验，另一方面也让青年员工发挥自身优势，传播新思路，探索新模式。与此同时，徐班长也积极倡导"导师带徒"工作方式，依托这种传统的模式，建立起新老员工的情感纽带，加速青年员工成长。徐班长在班组安全会上安排举办小杜和老吴的拜师仪式，并签订"师徒协议"，开始正式工作交接。吴师傅手把手毫无保留地传授工作技能，带着小杜逐户走访，从设备的安装位置到客户的联系方式，以及安全注意事项，都事无巨细地一一交代到位，就这样小杜顺利地进入了工作角色。

大学生是公司的新鲜血液，促进企业的良好发展必不可少的条件，小朱同志是近年来分配过来的985高校优秀毕业生，认为凭着在学校学习的专业理论知识就可以完全胜任工作，存着眼高手低的心态。可在实际面对客户时，由于客户大多数都是普通老百姓，过多的专业词汇反而成了沟通的障碍，尤其是遇见难以沟通的客户，就会显得手足无措。经过几次挫折之后，对他造成了很大的心理阴影，一见客户就躲，一讲话就脸红，这一切徐班长都看在眼里。利用下班时间和小朱进行了谈心交流，对他理论基础扎实、思维活跃、学习能力强的优点予以肯定，同时指出现场工作经验薄弱的不足，平时要主动向经验丰富的老同志学习。同时安排小朱实地参加班组老同志和客户沟通，通过观察交流过程中老同志的眼神语气、肢体动作、结合专业知识等沟通技巧，消除胆怯的心理，鼓励他勇敢地迈出第一步，并对他独立处理的事情进行点评，经过几年的锻炼，小朱同志很快成为一名独当一面的业务骨干，现已走上了县公司副总的领导岗位。

> **思考 1** 如何使新、老员工各自发挥所长并协同配合？

抓"三公"原则，推进班组绩效建设

营销部抄表班是典型的"三多"（人员多、工作内容多、服务对象多）班组，工作涵盖高低压客户抄、催、优质服务工作的全过程。徐班长刚接手负责班组管理时，发现班组人员的工作氛围特别差，工作任务无法分派下去，客户诉求也得不到及时处理。徐班长想尽办法，通过每周班组例会的机会，动之以情、晓之以理的做思想动员，但收效甚微。甚至有的老员工以自己身体不好为由，公然拒接客户诉求；也有部分中青年员工在班组内部组建小团体，拒绝班组安排的工作任务；还有业务骨干消极怠工，不愿接受分配新增的抄催户数等现象。看到思想动员没有效果，徐班长觉得"冰冻三尺非一日之寒"，肯定有更深层次的原因造成这样的局面。通过梳理班组管理模式发现，原绩效考核方案存在众多不合理的情况，徐班长深知没有规矩不成方圆，要想治标、必须治本，当务之急是从规则的制定来入手解决问题。

在征得部室领导的同意后，本着"公平、公正、公开"的"三公"原则，重新制定出操作性强、符合班组现状的班组考核办法，通过班组民主生活会议讨论通过后严格执行新制度。每月通过班组园地等班务公开方式，及时公布"计划抄表率、差错率、实抄率、短信收集率"等具体可量化项目的排名，实时更新"电费回收率、工单处理及时情况、客户满意率"等考核得分，这让大家从思想上真正重视工作，关注自己的考核得分。同时，绩效考核依据公开的量化指标逐项逐条进行计算，班组成员都能够直接套用公式计算出自己的绩效得分，通过将工作积分和工资收入紧密挂钩，体现了奖勤罚懒、多劳多得的分配制度。新制度实行一段时间，起到了立竿见影的效果，原本消极、松散的员工积极起来，

之前工作任务分配不下去的现象消失了，班组工作走上了良性循环的轨道。

> **思考 2** 在班组管理中如何科学地制定和实施绩效考核办法？

抓"身体力行"，推进班组执行力建设

由于班组部分老同志计划经济体制下的守旧思想严重，服务意识淡薄，班组投诉量居高不下，徐班长觉得必须使所有同志更新观念，于是召集班组成员开展服务技能培训，从服务意识、服务语言、沟通技巧下功夫，但效果甚微。

市利华锦绣家园小区 9 幢客户尹女士因忘交电费，导致欠费停电，下班回家后傍晚 6 点 29 分结清了欠费，于是拨打该区域客户经理刘师傅的电话，请求复电。刘师傅已经下班回家，并以国网规定 24 小时内复电为借口拒绝帮助客户复电，客户随即拨打 95598 投诉了刘师傅。徐班长在晚上 8 点接到投诉后，第一时间上门复电，并向客户赔礼道歉，得到了客户的谅解，这也让在家休息的刘师傅心存愧疚。市左岸 C 区 5 幢客户因电量过高怀疑电能表故障，要求客户经理杨师傅上门检查，杨师傅简单上门核查电能表后告知客户电能表没有问题，但客户不认可。徐班长再次协同杨师傅上门服务客户，通过细致检查，发现家中鱼缸的加热棒是导致电量居高不下的罪魁祸首，为客户找到了耗电多的原因，得到了客户的表扬。

这一切都被大家看在眼里，大部分同志逐渐开始转换服务意识，在服务客户时，开始有意识地主动按照规范来执行，投诉率显著下降。这一意外收获，让徐班长明白身体力行才是提高执行力的最好手段。于是，给自己定下了工作要求：班组成员反映的问题，绝不敷衍推脱，第一时间协调解决，并及时在微信群里宣布处理结果。当客户对员工不满或引起投诉时，班长陪同班员一起了解客户情况、沟通协调。由于班组成员多，这样额外的工作使得徐班长工作很辛苦，但是通过潜移默化的行为，彻底改变了整个班组氛围，提升了班组成员的服务意识，最明显的成效是投诉率下降了，来电、来信表扬增多了。在这几年，班组收到了很多来自客户的表扬：如客户的"贴心人"曹师傅、揪出伸向教堂黑手的魏胜、发现隐藏在陈大姐家"电老虎"的周师傅等。

> **思考 3** 如何让班组长在班组工作中起"领头羊"作用？

问题解析

思考 1 如何使新、老员工各自发挥所长并协同配合？

解 析 采用"传帮带"的方式，帮助新员工快速成长。

1. 认真开展"一帮一"活动

根据班组每个同志的不同特点，有针对性的促成新、老员工结队互帮互助，使他们优势互补，老员工将丰富的现场工作经验传授给年轻员工，帮助他们尽快融入班组工作中，提高相关的知识和技能并发挥青年员工的聪明才智，将新技术、新设备的使用方法教给老同志，促使班组成员的工作水平的不断提高。

2. 加强班组文化建设

通过创建"学习型班组"活动，发挥团队协作精神，增强班组凝聚力、向心力、执行力，营造新、老员工关系融洽的和谐氛围，提高班组的竞争力水平。

思考2 在班组管理中如何科学地制定和实施绩效考核办法?

解 析 坚持"公平、公正、公开"的原则,通过量化考核并与绩效挂钩的办法使绩效考核科学合理。

1. 构建考核小组

在着手制定绩效考核办法的时候,班组成立由副班长、工会小组长、安全员组成的考核小组,通过班组民主生活会的讨论,使大家积极参与、献计献策,充分发挥民主,不能搞"一言堂"。

2. 考核有标准,指标需量化

绩效考核制定要符合工作实际,各项指标和考核点的设置具有可操作性,考核有力度,执行有准则。

3. 严格考核,绩效挂钩

在执行绩效考核的过程中,考核小组严格根据制度标准对个人的工作进行逐项考评,按照"公正、公平、公开"的原则,做到扣分有理、加分有据。

思考3 如何让班组长在班组工作中起"领头羊"作用?

解 析 班组长要视班员为亲人,对班组成员反映的问题绝不敷衍推脱,第一时间协调解决,潜移默化地提高员工工作主动性。

1. 关心班员,解决实际困难

在班员遇到无论是家庭还是工作中困难时,要主动了解情况,积极参与解决,设身处地地予以关心,问寒问暖,拉近班组成员间的距离。

2. 加强技能学习,带领大家共同进步

俗话说:"兵熊熊一个,将熊熊一窝",班组长必须成为一名技术业务标兵,主动学习新业务、新系统、新流程,解决工作中存着的疑难问题。

3. 严格管理，注重实效

班组管理要严格按照班组规章制度执行，赏罚分明，不偏不倚，让班组成员心服口服，营造一个风清气正的班组氛围。

要点点睛

（1）更新换代是每一个班组必须面对的现状，做好"传、帮、带"，发挥新、老同志的不同长处，是班组工作能够顺利开展的保证。

（2）科学合理的绩效考核办法是管理好班组的前提条件，需要坚持"公平、公正、公开"原则通过量化考核、绩效挂钩的方式落地实施。

（3）班组长是班组开展工作的直接领导者，要处处以身作则，帮助班组成员解决困难，把班组建成一支和谐、奋进的团队。

知识链接

绩效管理体系

绩效管理体系是一套有机整合的流程和系统，专注于建立、收集、处理和监控绩效数据。它既能增强企业的决策能力，又能通过一系列综合平衡的测量指标来帮助企业实现策略目标和经营计划。绩效管理是管理者与员工之间在目标与如何实现目标上所达成共识的过程，以及增强员工成功地达到目标的管理方法以及促进员工取得优异绩效的管理过程。高效的绩效管理体系是企业实现运营目标的重要的工具。

韦爵爷又遇"服务"难题
——低压工程全配套诞生记

制度先行，优化工作流程，提升客户满意度。为响应公司第 X 届职工代表大会工作会议报告精神，进一步优化营商环境，显著提高"获得电力"指标指数，业务班韦班长结合新时期业扩报装文件精神以及营业区内实际情况，特制定中心城区低压配套工程实施管理办法。通过该管理办法的实施，可将低压业扩报装用户接电时间控制在 7 个工作日内，同时有效减少客户办电费用和往返供电公司次数，为有效提升电力客户的获得感打下坚实的物质与组织基础，并为业扩报装类班组开展低压配套工程工作提供借鉴。

低压配套工程　营商环境　业扩报装

⏰ 情景聚焦

刚过完新年，A 市供电公司组织员工学习"两会"精神，公司领导着重提到一个词汇——获得电力。时间辗转至会后的第二周，韦班长如期参加今年的营销会议，会上，营销主任重点分析了年度重难点工作——关于实施报装接电专项治理活动，并突出强调开展该项工作的重要性以及必要性，听完已下达的年度任务指标，韦班长感到很大的压力。

不久后，关于低压业扩报装时限和低压配套工程施工指导意见的文件先后传达至该班组。根据公司文件要求，低压业扩报装时限必须控制在 7 个工作日内，同时相关电力工程由供电公司负责施工。这预示今后的营销工作将变得更为不易。但是，无论现实有多么困难，公司要求的指标必须完成。韦班长开始谋划制定中心城区低压配套工程管理办法。

办法初成，好事多磨

韦班长立即开始安排办公室同事对近两年所有低压业扩报装全流程各个环节期限进行统计和分析。经过研究发现，除了现场施工环节可以优化外，诸如业务受理、现场勘察、装表接电等环节，均已无法再优化。经过大家集体讨论，一份关于中心城区低压配套工程管理办法被制定出来并上报领导审查。领导根据韦班长的想法，召集计量室、营业厅以及施工单位参会，会上告知各部门，相关低压配套工程将以项目包的形式外包给中标的施工单位，供电公司只负责系统内的流程流转以及关键工作的验收。一个月的时间很快过去，试运行阶段出现的问题慢慢显露出来。比如：施工单位提供的部分计量表箱和电缆电线不符合行业内规范和标准、由于现场施工民事问题协调不顺畅造成施工难以继续、部分工程需要停电接电而申请停电手续耗时较长等。

> **思考 1** 初定的管理办法为什么开局不利？

重新起航，仍需打磨

为此，韦班长应向领导提议再次召集计量室、营业厅、配电部门、供电服务中心以及施工单位参会，会上重点解读修订后的低压配套工程管理办法实施细则。第一，本管理办法主要适用于中心城区零散低压客户的配套工程，不涉及"代建代管"和"新居配工程"，供电公司负责从电源点至产权分界点部分的电力工程施工。第二，物资管理实行动态精准管控，所有工程中的相关配套物资由供电公司负责招标，统一配发、统一管理，供需双方建立低压客户配套工程物资管控平台，确保所用材料数量和库存材料数量与实际相符。第三，在管理办法实施中，业务人员与施工人员同步勘察，减少客户多次往返营业厅以及施工现场的次数。勘察完毕后，业务人员将"供电方案答复单"以微信形式发送至施工人员、施工管理人员、项目管理人员组成的微信群组，施工人员据此施工。

开工前，施工单位应与客户书面签订《低压配套工程民事纠纷责任书》。施工中，施工人员应文明用语、文明施工，避免投诉事件的发生。施工完结后，施工人员应清理现场施工废料，同时将施工已完毕照片上传至微信群组并申请验收。

对于施工中的停电事宜，如若停电范围较广，由业务班在计划接电前的4天左右时间向配电部门以及供电服务中心申报停电计划，配电部分负责现场停电，供电服务中心负责投诉备案；如若停电范围较小，施工单位自行协调。

> **思考2** 低压配套工程管理办法有哪些优点？

大局已定，逐步完善

一日，韦班长的同事小杨向其询问说："班长，我在现场勘查过程中发现部分老城区的低压塑壳开关容量较小或者前端电缆线径较细，新装或者增容用户选取此处作为电源点不恰当，但是附近又没有经济、合理的其他电源点，这样的情况我该怎么办啊？另外，施工单位一直向我抱怨关于计量表计领取与安装存在拖沓的情况，这该怎么办啊。"

思索再三，韦班长最终还是向领导申请再次召开协调会，主要涉及计量室、配电部门以及施工单位三方，会议的重点是完善以下三个问题。

（1）电能表由谁安装的问题视现场情况而定，允许停电装表的情况由计量室负责装表，其他情况下的电能表由施工单位代为安装，后期由计量室负责验收。

（2）如若出现最近电源点的塑壳开关不符合容量需求的情况，以营业及电费室名义向计量室暂借符合容量要求的塑壳开关，由施工单位代为安装，后期将该部分材料纳入招标计划并偿还至计量室。

（3）在最近电源点的电缆或电线线径不满足负荷要求方面，对申请容量原则上无条件予以接入，但是，后期必须将该情况反馈至配电部门，由其安排对部分容量吃紧线路予以优先改造。

通过上述一系列措施，业扩报装流程均可在时限内完成，未发生一起因为停电或者施工等问题产生的投诉问题，多次发生客户向现场人员给予口头感谢等情况。

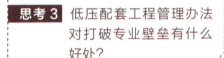

思考3 低压配套工程管理办法对打破专业壁垒有什么好处？

问题解析

思考1 初定的管理办法为什么开局不利？

解析 业扩流程中的所有环节必须处于供电公司在控、可控范围内，同时服务理念必须扭转。

1. 管理办法过于简单

虽然公司已经明确现场施工环节可以优化，但是符合现场实际的具体管理办法并未真正落实，只是以项目包的形式简单粗暴地丢给施工单位。现场施工的工艺、安全措施、组织措施均得不到精准落实，势必造成后续一系列恶劣后果，如停电投诉、走线通道不顺畅等。公司只有实现所有环节在控、可控，才能确保各项指标顺利完成。

2. 创新服务不够，思想解放不彻底

与其他行业相比，供电企业员工的竞争意识较弱，尚未真正紧跟时代步伐，造成思维僵化，服务意识不强，创新意识不够。公司只有始终以客户的合理诉求为方向，积极寻找更优更快的方法，更为优质的服务客户，才能不断突破思维定式和管理短板，树立良好的企业社会形象。

思考 2 **低压配套工程管理办法有哪些优点？**

解 析 **全方位思考，充分考虑供需双方的诉求，同时严格落实考核。**

新服务模式下的业扩报装，不仅可以帮助客户减少部分用电费用，同时实现全流程在控，可控的目标，能有效提高客户用电服务满意度。在具体管理中，有以下几点值得推荐：

1. 明确施工对象，杜绝经济浪费

该施工管理办法主要针对中心城区零散低压客户的配套工程，不涉及"代建代管"和"新居配工程"。由供电公司负责投资建设从电源点至产权分界点部分的电力工程，明确受众对象，同时精准服务范围，为有效完成省公司下达的指标提供保障。

2. 减少客户投资成本，提升电力获得感

与实施管理办法之前相比较，从电源点至产权分界点部分的电力工程施工由客户投资改为供电公司投资，每户至少节约 3000 元。这显著降低客户用电成本，不仅有利于供电公司积极响应国务院关于进一步优化营商环境的号召，更有利于提升供电企业的社会形象。

3. 招标施工单位，物资精准供应

本次中标的施工单位具备电气设计、承装的相关资质。整个施工过程严格遵守 G 省地方电气施工标准进行，所有施工物资由供电公司依据行业规范内的材料名目供应。整个签收和供应环节实行精准对接，不存在任何不明确部分，能充分保障施工单位施工质量达到验收要求。精细化管理既便于供电公司后期的维护，也有利于保障用电申请人的利益。

4. 客户只跑"一次"甚至"不跑"

省时省事是用电客户最关心的问题之一。业扩报装人员和施工人员同步勘查，可减少客户往返营业厅以及施工现场的次数。在过去的业扩报装过程中，客户至少需要往返营业厅以及施工现场 3 次。如今，实施新管理办法后，客户只需要至营业厅 1 次或是无须至营业厅申请办理，往返用电现场的次数也大幅减少。新模式下的"一站式"服务模式更人性化，不仅提高了客户满意度，也提高了供电公司办事效率。

思考 3 低压配套工程管理办法对打破专业壁垒有什么好处？

解 析 创新服务举措，打破专业壁垒，可以实现多部门协同办公，打破专业壁垒，提升电力客户获得感。

1. 实现多部门协同办公

在以往的工作模式下，各个部门只专注于自身专业领域内的工作，经常存在工作扯皮的情况。通过低压配套工程管理办法的实施，本着敢为人先的理念，坚持以营业及电费室作为本管理办法实施的主管部门，计量室、配电部门、供电服务中心以及施工单位协同配合，有利于打破原有专业管理缺陷，实现多专业融合，充分挖掘各专业的工作潜力。

2. 保障流程顺畅高效流转

公司通过低压配套工程管理办法的实施，明确各个专业的工作职能，确定工作交叉部分的责任主体，有力保障业扩流程在整个系统内顺畅流转，为确保完成工作指标提供坚定组织基础。

3. 提升电力客户获得感

公司坚持以业务需求为导向，以服务客户为目标打破固有专业边界。低压配套工程管理办法顺利实施，保证低压办电客户接电时间控制在 7 个工作日内和减少办电费用，节约了客户办电的时间和经济成本，提升办电效率，有利于提升客户服务体验，对树立电力企业良好形象，建立国网优质服务品牌，有着重要的意义。

要点点睛

（1）公司实现全流程在控、可控是保证指标完成的最优方法。

（2）公司坚持以客户需求为导向，以服务客户需要为目标，打破专业壁垒，有利于提升客户服务体验，树立企业良好的形象。

（3）公司通过低压配套工程管理办法的实施，不仅办电时限得以保障，同时降低客户办电成本，对进一步优化营商环境，提升电力客户获得感具有重要意义。

知识链接

企业营商环境指标是世界银行经过几十年的探索、整理和归纳建立的一套衡量各国营商环境的指标体系，获得电力供应是其中十项指标中的重要指标。"获得电力供应"主要指企业获得电力供应的难易程度，主要测评一个企业获得永久电力连接的所有手续，包括向电力企业提出申请和签订合同，从其他机构办得必要的检查和审批手续以及外部和最终的连接作业等，包括四个部分，具体情况如下：

指标名称	单位	含义	计算方法
程序	数值	指企业员工或者主要电气技师或者电气工程师与供电公司、政府机构、电力承包商等外部各方之间的任何互动，世界银行将客户与电力公司发生一次互动界定为一个环节	主要通过向市场参考与人员或行业专家发放问卷形式获取数据，依赖专家经验
时间	天数	在后续工作最少且没有额外付款的情况下需要的时间，按日历天数记录	

指标名称	单位	含义	计算方法
成本	花费成本与人均国民收入比值	完成仓库接通电力手续的所有相关成本和费用均记录在内，成本按经济体人均收入的百分比记录，可参考公开的收费细则表	
供电可靠性及电费透明度	分数	供电可靠性及电费透明度衡量供电质量和收费透明度，该二级指标共有6个子评价指标，评分采用加分制	用户年平均停电总时长及用户平均停电次数、停电自动化检测、停电自动化恢复、外部监管、中断供电补偿、电费透明

本案例通过研究"获得电力"指标中的四个维度，在办电成本、办电环节以及办电时间三个方面进行优化。在后期的工作中，将依托营业区内的电网线路以及公司政策，对提升供电可靠性以及电费透明度展开探索，持续提升电力客户的获得感，积极响应国家优化营商环境的号召。

"尖兵"已露尖尖角
——以设备主人制助力年轻员工成长

 摘 要 设备划分定责任，合理授权育人才。本案例描述了 D 市供电公司自动化运维班班长小刘为解决电网建设及管辖范围调增引起的班组管辖设备急剧增加与人员结构之间的矛盾，积极深化应用设备主人制，合理授权，提升设备主人责任感，推动年轻员工快速全面成长，确保专业各项生产管理任务的顺利完成，最终培养出一批年轻"尖兵"。通过案例分析了年轻人员培养的关键点，以设备主人制为基础，积极探索年轻员工培养模式。

关键词 设备主人制　年轻员工培养　团队建设

 ## 情景聚焦

"兵"不给力　"将"难维持

小刘所在的自动化运维班，负责一市四县 65 座 110kV 级以上变电站的自动化系统的建设与运维，处理实时信号和远程控制 18 万余条，是地区电网的"大脑"和"眼睛"。该班组成员共计 6 名，呈现两极分化分布，

45岁以上老师傅3名，近5年入职年轻员工3名，班组存在结构性缺员，技术骨干力量不足等短板，整体业务能力薄弱。

他担任班长5年来，110kV变电站检修工作上收，市区行政区域扩张，电网基建工作持续高位运行，自动化运维班管辖变电站数量由5年前的32个猛增至如今的65个，整整翻了一番。

2016年迎峰度夏期间某天凌晨2点，自动化运维班班长小刘接到变电运维室汪主管电话。汪主管反映110kVA站操作时，103开关远程遥控失败，要求小刘安排人员处理。这样的深夜电话本周之内已经接到三个了。小刘立即分别联系班组成员小李、小韩、小钱，小李说心里没底，不敢去；小韩说可以去，但具体怎么处理不清楚；小钱则是电话关机，联系不上。没有办法，小刘只能叫上一名老师傅赶到现场处理问题。

小刘作为班长一个人应付整个变电室5个运维站共计65余座变电站的运维、故障处理、工作联系，越发觉得力不从心。这两年随着老师傅的集中退休，年轻员工倒是补充了三名，但是年轻员工的成长让人着急，鲜有能够独当一面的技术骨干出现。眼见着繁重的工作任务与有限的技术力量之间矛盾越来越加剧，小刘感觉到自己的压力越来越大。

常规思路 收效甚微

接下来的几个月，小刘不停地在心里念叨着这三名年轻员工的名字，琢磨着问题出在哪里。小李、小韩、小钱都是名校研究生毕业，从学习能力上来说，绝对不存在任何问题，可是小李学习不积极，小韩基础培训后就没有大的长进，小钱学的快，但做事不严谨，干事总是留尾巴。

其实这些年，小刘在年轻员工培训上也下了很大力气，每次上级部门有培训班，小刘总是积极争取名额，尽量让年轻员工多一些培训机会。每次小刘与年轻员工一起到现场工作，总是抓紧时间，尽量多讲解实践经验，甚至个别年轻员工都有些恐惧和这位刘班长一起到现场作业。

小刘经过考虑后，下决心要解决当前的困局。于是，他和班组技术培训员商议了一下，连续开展班组技术培训，由自己和班组老师傅进行专题性讲课，但坚持了几期后，成效甚微。

这个问题始终困扰着小刘。年轻员工无法快速成长，最终的后果将导致班组长面对不断增加的工作负担疲于奔命，应对乏力，而年轻员工则无用武之地，窝工现象日益明显。

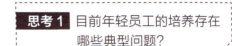

思考 1 目前年轻员工的培养存在哪些典型问题？

巧借东风，因势利导

正当小刘为班组年轻员工培养犯愁时，上级公司推出"设备主人制"管理措施，要求每个设备都要落实设备主人，明确维护职责。班长小刘突然有了灵感，将设备主人制与班组情况结合起来，深化应用，或许困扰自己的难题就能解决了。

经过一番研究后，解决办法初步形成：自动化运维班主要负责地区电网调度自动化设备及系统的运行和维护工作，分为主站和厂站两个部分（小刘所在的自动化运维班主、厂站业务未分离）。厂站侧共计65座变电站由变电室5个运维站负责运行管理。自动化运维班将6名班组成员确定为设备主人，主站和5个运维站各由1个设备主人负责，同时由班组长作为后备设备主人。设备主人的职责和主要工作如下：

（1）所辖变电站新增设备的建设方案审定，包括前期基建可研、设计、评审把关，做到新增设备严格满足行业和公司最新技术规范和标准，接入方案科学合理。

（2）所辖变电站运行设备的巡视、检测及缺陷处理，包括定期巡视、状态检修、缺陷诊断、故障处理和应急抢修。

（3）所辖变电站自动化设备综合管理，包括与检修、运行、继电保护等相关专业配合对接，技改工程专业间协调。

以设备主人制为核心的专业人员管理机制推出后，小李、小韩、小钱各管一块"自留地"，根据自己对变电站的熟悉程度选择运维站，充分发挥其对擅长的设备、熟悉的运维人员的优势，培养其主人翁的意识基础。

其次，确定设备主人后，统一制作设备主人标签，将设备主人的姓名和联系方式粘贴在每一台自动化设备上，一方面便于运维人员发现问题后第一时间在现场能联系到设备主人，提高故障排查效率和准确性，另一方面年轻员工的责任意识显著提高。

最后，建立健全以设备主人制为核心的班组绩效考核制度，在班组内部进行设备主人的同业对标，密切联系绩效考核，并与外出培训、荣誉以及晋升推荐等奖励措施挂钩。

> **思考2** 对年轻员工的培养应注意哪些关键点？

勇担"小班" 初现"尖兵"

三位年轻员工成为各自运维站设备主人后，一改以往"躲"在班组长身后，被动接受单纯作业任务的状态，分区而治，当起了成为所辖区域的"小班长"。他们做设备的主人，很快提高了对管辖设备的熟悉程度，掌握了运维特殊点；另一方面，通过管辖设备的机会，年轻员工开始与其他专业同时进行直接沟通，迅速锻炼了自己的沟通协调能力。

在年轻员工得到锻炼提升的同时，各项跨专业协调效率大大提高。以故障消缺为例，以往的处理流程是由变电现场人员汇报给变电室主管或站长，再由站长或主管与自动化班班长联系，而后由自动化班长安排人员、车辆现场处理。而现在运行人员现场发现问题时，可立即按照设备主人标签上的联系方式直接联系设备主人。直接沟通不仅可以保证信息传递准确，还可以直接指导运行人员进行简单排查，甚至一些简单故障可以即刻消除，简单高效、省时省力。

设备主人制推行以来，三位年轻员工工作热情高涨，通过全方位的锻炼，专业"尖兵"工作成效已初步显现。该班组在连续两届省公司专业竞赛中荣获第一名，在国网公司竞赛中小钱荣获个人第五名，每年都收获各类科技创新奖项，该班组还获取了海外专利，小韩当上副班组长，小钱走上管理岗，班组屡获国网先进班组，被授予 G 省工人先锋号。

> **思考 3** 以设备主人制为基础的年轻员工培养方式有哪些优势？

问题解析

思考 1 目前年轻员工的培养存在哪些典型问题？

解 析 缺乏统一规划，无法充分调动学习积极性，成长过程受到过多约束和限制。

1. 没有科学合理的培养方案和规划

年轻员工的培养目前仅有安全教育和入职培训及 "师徒结对"的培养模式，后续的人才培养没有科学合理的方案和规划，缺乏持续性和系统性。

2. 年轻员工的积极性和参与度不高

当下年轻员工有较强的自我意识和多样的个性，入职后经历一定时期的新鲜期后的学习和工作积极性急剧减弱。若不加以正确及时的引导，难以确保其良好状态。

3. 年轻员工参与关键工作的信心不足

由于年轻员工参与关键工作的信心不足，导致年轻员工能力锻炼及施展受到局限和约束。鉴于电力行业工作的安全性考量，使得部分班组很少让年轻员工参与安全风险较大的工作，未能充分给予年轻员工锻炼学习的机会；此外，对一些涉及公司指标的关键性作业，担心年轻员工参与作业而造成复核压力激增，班组同样不让年前员工参与。

由于复杂作业和核心作业锻炼机会的缺失，年轻员工很难成为独当一面的技术骨干。

思考 2 对年轻员工的培养应注意哪些关键点？

解 析 年轻员工的培养需要调动干劲，给予舞台，公平评价。

1. 调动干劲

年轻员工的培养要调动起干劲，积极引导其主动性，营造争先创优的氛围，尤其是班组长应做到以身作则，不能只喊口号。

2. 给予舞台

有舞台才有年轻员工学习和展示的机会，通过合理规划，将年轻员工有机会参与各种规模和类型的作业，并根据工作中的表现，给予评价和指导，不断提升实践技能。

3. 公平评价

年轻员工的培养过程，需要对其成长进行公平公正的评价，过程中应及时评价并适时鼓励，暴露问题应善意指出并协助其解决。评价体系和标准应确保公正公开。

思考 3 以设备主人制为基础的年轻员工培养方式有哪些优势？

解 析 提升主人翁意识，全面培养专业技能和沟通协调能力。

1. 消除壁垒，年轻员工一线锻炼

通过设备主人制的实施，将年轻员工推向专业前线，从设备全过程管理到专业间协同配合，全面锻炼年轻员工的综合能力，改变以往年轻员工只能在班组长身后被动接受单纯作业任务的局面。

2. 分片管理，培养年轻员工主人翁意识

通过给年轻员工划分管理范围，有助于提升设备主人的责任意识和主人翁意识，使得自身工作的严谨性大大提高，规避了以往出现的部分年轻员工工作中"嫌麻烦""留尾巴""急收工"等现象。

3. 内部对标，关联绩效考核和职业发展

通过分片管理，各设备主人工作同质化明显，便于实现班组内部同业对标管理，科学合理地开展年轻员工的工作评价和绩效考核。内部对标的评价结果，充分体现到绩效考核中，逐渐发掘班组长后备人选。

4. 简化层级，提升管理沟通效率

对于大部分基础工作以及常规的跨专业间沟通协调，公司给予设备主人合理权限，让其全权处理，减少班组长不必要的干预，简化管理层级，提高相关工作的处理效率。

5. 实战模拟，年轻员工到基层管理层自然衔接

通过设备主人的培养机制，年轻员工能够在局部范围内全面提升自身专业技能和管理能力，为优秀员工日后走向基层管理岗位提供良好的锻炼的平台。

📖 要点点睛

（1）班组年轻员工需要班组长放手培养，充分信任，走向前线，决不能在温室中培养"大树"。

（2）年轻员工培养不仅需要科学合理的方案和规划，还需要班组长营造积极向上的氛围，决不能通过设备主人把任务全部推给班组员工，班

组长必须做到以身作则、放权不放任。

（3）设备主人的评价结果要综合利用，不仅体现在日常绩效考核，还要与荣誉称号、职业发展挂钩。

（4）年轻员工的管理培养方式应掌握技巧，不能是简单粗暴的"家长模式"，也不能是放任自流的"佛系模式"。

 知识链接

设备主人制

设备主人制是依据"安全第一、分级负责、精益管理、标准作业、精准运维"的原则，将设备运维人员与设备进行一一对应的关联，为设备指定运维责任人，确保每台设备均有专人管理、专人负责，做到不交叉、不重叠、不遗漏。

设备主人对所辖设备的前期建设与验收、台账建立与更新、运行监测与维护、故障处理及抢修、改造升级及退役全权负责，对设备进行全寿命状态管理。

设备主人制将设备管理落实到人，实施精细化管理，确保系统可靠运行。同时，设备主人制对设备主人的责任意识、工作能力和综合素质的提升有积极的促进作用。

后 记

进入新时代，开启新征程，我们必须坚持不懈地用习近平新时代中国特色社会主义思想武装头脑、指导实践、推动工作，为推进国有企业各项事业发展凝聚起团结奋进的磅礴力量。而在这一推动国有企业做强做优做大的征程中，首先需要企业基础扎实，根基稳固。企业的根基是什么？是班组。班组虽小，却能馨香一瓣共谱华章。

国网安徽省电力有限公司围绕班组管理基础、团队、业务三个主题，收集公司近年来一线班组管理的典型案例素材，按照讲好故事、说透道理、提炼关键点、拓宽视野的思路布局谋篇，将现实班组管理中共性的重点、热点、难点问题娓娓道来。这些具有鲜活的可复制性的成功典型案例，对聚焦班组核心要务，以点带面提供了可拓展的管理思路和可查阅的素材依据。

当然，班组管理本身就包罗万象，事务繁多。这套"电网企业班组管理案例集萃"丛书优萃的 90 个案例，提供的只是班组管理的一种思维方法、一个工作思路，并非要减掉班组管理的事务或是环节，是让班组管理更直接、更容易执行、更有效率，一线班组切不可生吞活剥，照抄照搬。

本书从酝酿构思到正式出版，历经半年多时间，凝聚了全体参与人员的辛勤劳动，编写过程中得到了各方面的关心、帮助和支持。国家电网有限公司工会生产生活部一直关注本书进展，给予了关怀和指导。国网安徽省电力有限公司人资部、党建部、安监部、设备部、建设部、营销部、调控中心、电力培训中心等负责同志和专业人员参与了书籍编写工作。公司办公室文档处积极参与，提供了重要协助。在此一并表示诚挚的感谢！

国网安徽省电力有限公司第一次尝试编写全方位、体系化的"班组案例集"，限于经验、能力和水平，尚需接受一线班组的实践再检验，也恳请读者不吝赐教，提出宝贵意见。

待到山花烂漫时，愿与诸君再续新篇！

2019 年 5 月